貧困大国ニッポンの課題

格差
社会保障
教育

橘木俊詔

人文書院

序　「脱成長」から福祉国家の構築へ

日本は成長モデルから脱し（脱成長）、福祉国家を目指すべきである、というのが私の考えだ。「脱成長」などと書くと、政府・与党のみならず、野党からも評判が悪い。政府・与党は成長戦略を政策の柱にしているので、脱成長論を無視するのは当然としても、野党まで反対するのはなぜか。その解答は、脱成長などと言うと最初から「負け戦」を宣言していると解されかねないので、日本の社会や経済から活気が失われると懸念し、野党も成長を口にするのであろう。

これは企業の経営者が口が裂けても「脱成長」を言わないのと似ている。生産や販売を伸ばせないのなら、他社との競争に敗れてしまうので、企業の存在すら危うくなりかねず、社員が意気消沈することがないように、経営者は絶対に「負け戦」を宣言しないのと同じである。

しかしよく考えてみよう。日本人は、数十年も前から少子化の危機が言われながら、結局は少子化を選択してそれを実行に移している。少子化は労働力不足と、家計消費の減少という需要減少を確実に生むので経済成長をしない、すなわちマイナス成長率で進むと宣言していると理解してよい。ここ10年ほど日本の成長率がゼロ％あたりを動いているのはこの兆候であり、今後はますます少子化の効果が強くなるので、負の成長率にならざるをえない。

そこに２％の実質経済成長率というのは夢物語に近いのであるし、副次効果が強すぎてむしろ逆効果とならざるをえない。例えば、日本人の働きすぎを助長する、資源・環境問題に悪影響がある、などがある。私にとっての成長戦略とは、生活水準の低下は避けたいので、負の成長率をゼロ成長率に上げること、という理解である。これこそがＪ・Ｓ・ミルのいう「定常状態」である。私の考える成長戦略は一人ひとりの労働者の生産性を、教育と訓練で上げる方策しかない。

もう一つ定常状態を勧める理由は、最近の経済学においては人々の幸福感は経済的な豊かさ（すなわち成長すること）のみならず、安心感のある生活、家族との親しみのある生活などから感じるとされるので、成長のみを求めることは好ましいことではない。

２０１５年の秋に安部首相はアベノミクス第2弾として、２０２０年頃にＧＤＰを６００兆円にすると宣言した。これの達成には名目の年成長率を３％も必要とする案である。財界・政権与党寄りの日経新聞、そして財界トップ（経済同友会の代表幹事である小林喜光氏）から、その案は実現が無理との批判がなされた。この政府の意向は、冒頭で述べた元気づけのためのキャンペーンにすぎないと解釈が可能である。どのような政策が打ち出されるのか興味はあるが、今だに政府は成長戦略を柱にしているのである。

消費増税で欧州流に

安心感のある生活を実現するには、福祉の充実が第一の手段となる。では、そのためにはどうすべきであろうか。

これまでの日本であれば家族が福祉の担い手だったので、国家がさほど関与せずともよかった。国家の関与する程度が低い国は、日本とアメリカで代表される非福祉国家とみなしてよい。ところが、現代は無縁社会という言葉で象徴されるように家族の絆の低下が見られる。介護や子育て、医療といった分野において家族だけには頼れない時代に日本はなっているので、誰かがその代替をせねばならない。

選択肢は二つあって、一つは、個人の自助を中心としたアメリカ流の自立主義、もう一つは国家が担い手としての役割を果たすヨーロッパ流の福祉国家である。

日本人は経営者層、指導層、富裕層を筆頭に一般市民においても自立主義を好む人が多いので、北欧諸国のような高福祉・高負担という福祉国家は、世論の賛同を得るのは難しいと思われる。よって、まずはイギリス、ドイツ、フランスといった中福祉・中負担の福祉国家を目指すのが望ましいというのが私の判断である。

福祉国家になるには、国民に税や社会保険料の負担増を要請せねばならない。私はこの財源は消費税で賄うしかないと考える。消費税率は8％から10％に上げられる予定だが、ヨーロッパ諸国の消費税率の20～25％よりかははるかに低い。消費税収入のほとんどを福祉目的税として用いるのであれば、税負担を嫌悪する人の多い日本であっても、消極的にせよ容認するのではないだろうか。

２０１５年1月末に来日したフランスの経済学者ピケティ氏と対談する機会があった。私は日本の福祉を充実させるために消費税率のアップ策を彼に問いかけたが、彼はその案に賛成しなかった。資本主義国での格差拡大を憂慮するピケティ氏は、直接税である所得税、資本税、相続税などの累進度の強化を主張し、逆進性のある消費税は好みではないという返答であった。だが日本をヨーロッパのような福祉国家にするには、ヨーロッパ並みの消費税率が必要だろう。

私も消費税の逆進性を緩和するために、食料品を筆頭にして生活必需品にはゼロ％か軽減税率の適用は不可欠であると思っている。自民党や財務省は軽減税率の適用は税収の減少を招くことや、どの品目に軽減税率を適用するかを巡って困難があるとの理由でもって乗り気ではないが、イギリスやフランスなどヨーロッパのいくつかの国では既に導入しているので、それを参考にしていいだろう。

極端に少ない家族支援

福祉の分野で日本がもっとも遅れているのは、出産や育児支援などの児童や家族への給付である。**図1**は経済協力開発機構（ＯＥＣＤ）における児童・家族関係給付と公財政教育支出の対ＧＤＰ比率を示したものである。日本はこれらに関してＯＥＣＤ諸国中で最低の支出である。公財政教育支出が低いことは、すべての子どもに平等な教育の機会を提供するという目標からすると憂慮すべき

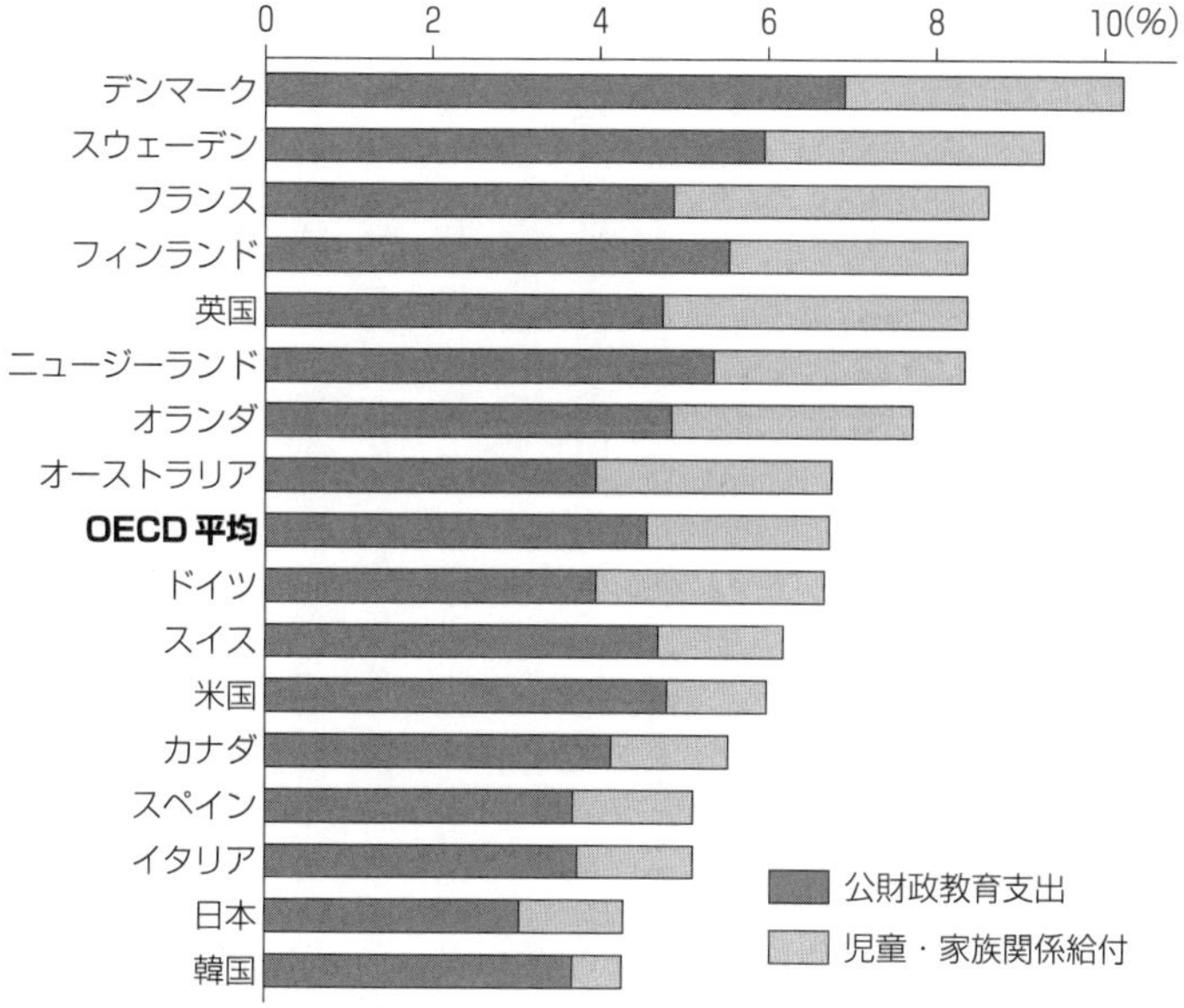

図1　児童・家族関係給付と公財政教育支出の対GDP比率の比較（2007年）
出所：OECD

事実である。

日本における児童・家族関係給付が、韓国とともに極端に低いことが、この図でわかるが、これは東アジアの特色と言ってよい。子どもを育てるのは親の義務であるとの信念が東アジアでは強いので、公共部門が子育て支援に関与をしない伝統が今でも生きているのである。

この精神がまかり通ると、若い夫婦で収入の少ない家計では子育てができなくなり、出生率低下を説明する有力な要因になる。図から読めるように教育費の負担をも家庭に押しつけているので、若い夫婦は子どもが成長したときの高校・大学での教育費負担を恐れて、出産に踏み切らない可能性がある。

ヨーロッパに目を向けると、フランス、デンマーク、スウェーデンを筆頭にして子ども手当（家族手当という場合もある）としてかなりの額が支給されていて、若い人々の生活を支援していることはよく知られている。そしてこのことが出生率の増加につながったのである。

若者の生活支援と出生率向上のため、日本も今以上に寛大な子ども手当（日本では児童手当と呼ばれる）の支給など、より若者が安心して生活し、出産や育児ができる支援に踏み切る必要がある。出生率の増加は、一部の人が願うところの経済成長率のアップにもつながるので、一石二鳥の効果のあることを強調しておこう。

日本は今格差社会の中にいる。特に若い人の間での所得格差が大きく、年収３００万円に満たない若者は、子どもを持つどころか結婚までできないという不幸な状況の中にいる。低所得で苦しむ若者を助けるためにも、児童・家族給付の増額は必要なのである。


ここで本書での議論の進め方を簡単に述べておこう。まずは第Ⅰ部で日本が格差社会、それも特に貧困者の多い国になっていることを統計を用いながら明らかにする。そして日本が貧困大国になった理由を考察した上で、それをなくするための政策を、様々な角度から議論する。

その政策の有力な方法として福祉政策があるが、それを第Ⅱ部で徹底的に分析する。貧困者を少なくする策として生活保護制度があるが、このための財政負担は巨額になっている。代替案としていろいろな社会保険制度の充実によって、できるなら生活保護制度に頼らない方向を考える。具体的には年金、医療、介護などの制度を充実させる必要がある。そのための財源としては消費税のアップ策を用いる。

消費税に依存する福祉国家の典型はデンマークである。そこで消費税の徴収方法を具体的に示す。それは軽減税率の援用によって分配の平等性を保つようにするし、実は消費税は所得税や社会保険料という直接税タイプでの徴収よりも、経済成長を低めない効果（すなわち経済効率性にプラス）があるので、好ましい税制であることを明らかにする。さらに、公的年金や企業年金などに関して、具体的な制度改革案を主張する。最後に、ベーシック・インカムについて言及する。

次の関心は教育に関することで、第Ⅲ部の話題である。所得格差を生む一つの理由が教育格差なので、人々が高い教育を望むのなら、それがすべての人に平等に与えられねばならない。教育の機会不平等が存在する日本なので、それを是正するためには国家による教育支出の増加が必要である。さらに教育の現場において教えるときに、どのような科目を教えるのが有効であるかに注目して、実務教育の徹底を主張するし、それを支持する統計事実を提出する。

最後は本書のまとめとして、人々の幸福感の考察が経済学にとって必要であると主張した上で、日本人の幸福度を高めるための制度と政策を主張する。

貧困大国ニッポンの課題　目次

第Ⅲ部　教育

貧困大国ニッポンの課題——格差、社会保障、教育

第Ⅰ部　貧困と格差

1　日本は貧困大国

日本が格差社会に入ったことには大方の合意があるが、本章では格差の中でも下位にいる貧困者のことを論じる。日本は貧困大国と呼んでもよい国になっており、その実情と原因、それに対策を論じることとする。

貧困者の増加

図1が示すように、日本の貧困率（国民の間で何％が貧困で苦しんでいるかの比率）は増加中である。ここ30年弱の間に12％から16％に増加しており、そもそも貧困者はゼロであるべきところに、四パーセントポイントの増加は深刻である。すなわち貧困者の数が増加中なのである。ここでの貧困者の定義は、「相対的貧困者」と呼ばれるもので、国民の所得分配上で中位にいる人（すなわち所得の低い人から高い人まで順に並べて真ん中の順位にいる人）の所得額の50％に満たない所得の人を言う。

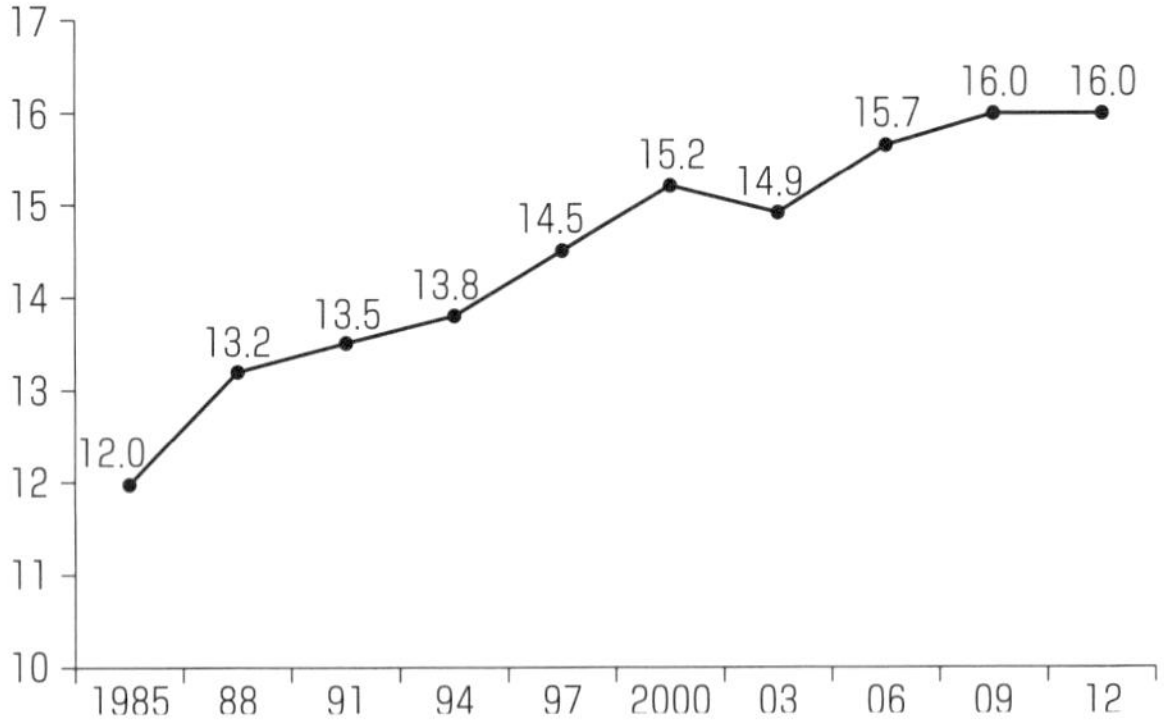

図1　日本における相対的貧困率の年次推移（％）
出所：厚生労働省「平成22年国民生活基礎調査の概況」2013年

「相対的貧困」とは、国際的に標準となった定義である。現代日本では国民の16％が貧困に苦しんでいるのである。

50％は先進国が加盟する国際機関であるOECD（経済協力開発機構）の定義であるが、EU（ヨーロッパ連合）という政治・経済の共同体ではもう少し厳しくて、60％を用いている。EUの方がOECDよりも貧困率は高くなる。

では、「絶対的貧困」とは何であるかを述べる必要がある。これは人が生きていく上で、食費、衣服費、住居費、光熱費などのように最低限の生活をするのに要する金額を設定して、それ以下の所得の人を貧困とするものである。国によっては、この額を正確に定めて「貧困線」と定義しているが、日本では学問上で計算された統計的な公式の「貧困線」はまだ政府から提出されていない。しかし、生活保護制度では、地域別と家族人数別に定められた生活保護基準額があり、その基準額以下の人に生活を支援する現金が支給されるので、それらの人を

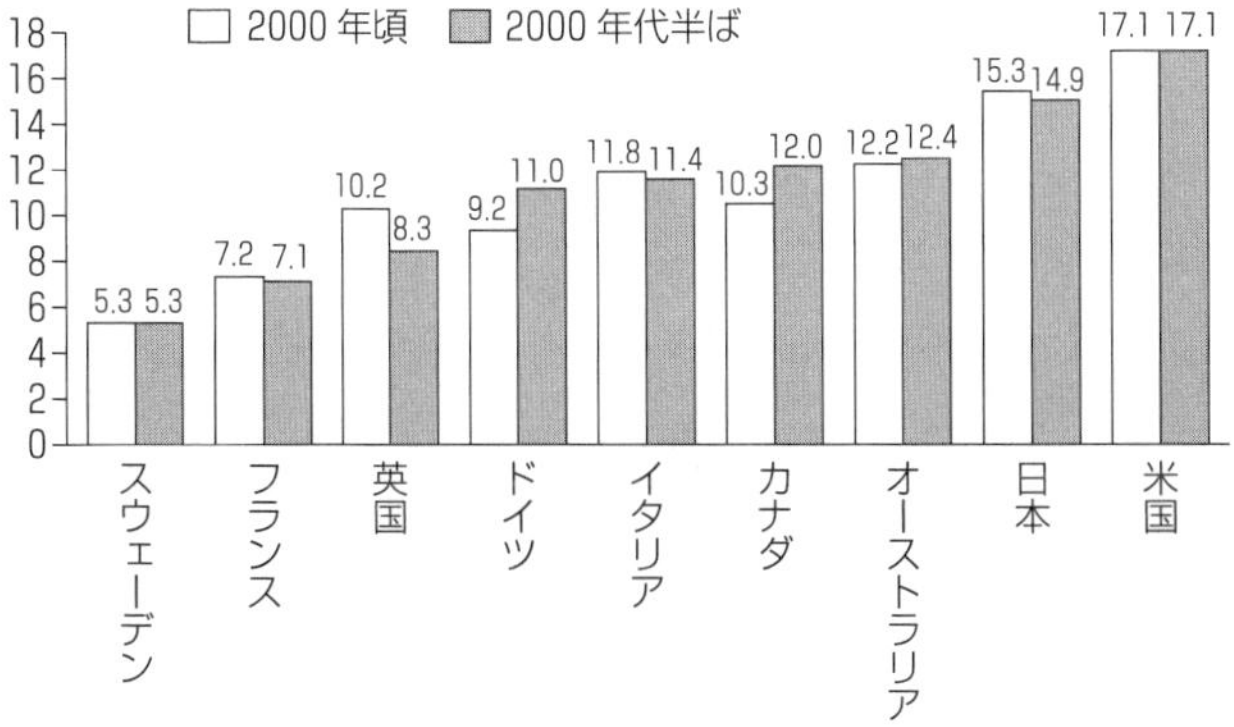

図2　相対的貧困率の国際比較
所得の分布における中央値の50％に満たない人々の割合（％）
出所：OECD, Growing Unequal? Income Distribution and Poverty in OECD Countries, 2009

近似的には絶対的な貧困者とみなしてよい。

橘木俊詔・浦川邦夫著『日本の貧困研究』（東京大学出版会、２００６年）は、生活保護基準以下の所得の人の数を平成12年前後でおよそ14％と推計しており、日本での絶対的貧困率と相対的貧困率はほぼ同じ水準にあると言える。日本国民のほぼ15％前後の人が貧困に苦しんでいるという深刻な状況にあるのである。

15％がどれだけ深刻な数字であるか確認するため、他の先進国と比較しておこう。**図2**は、主要先進国の相対的貧困率を示したものである。日本の相対的貧困率は、アメリカに次いで高く、ヨーロッパ諸国やオーストラリアに比べかなり高いことが分かる。やや誇張して言えば、「貧困大国」日本なのである。

誰が貧困者か

次の関心は、「日本の貧困率が高いのなら、どう

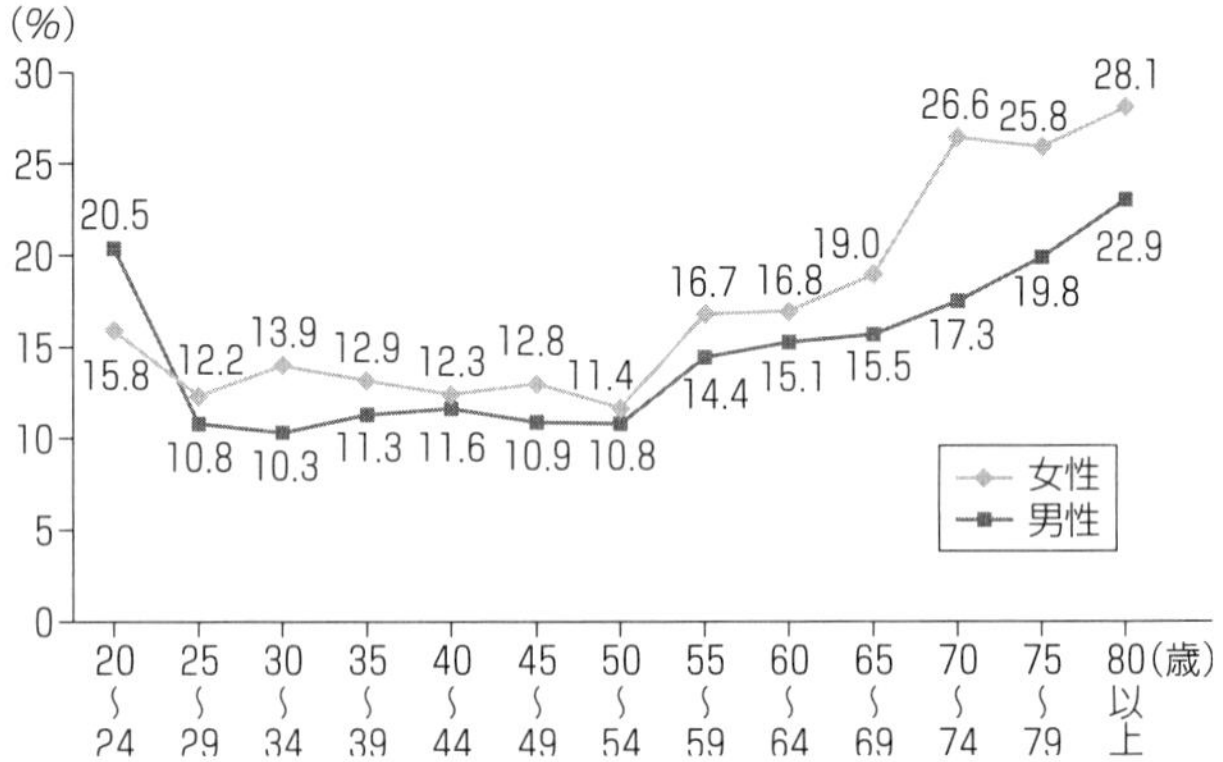

図3　男女別・年齢階層別相対的貧困率（2007年）

出所：厚生労働省「国民生活基礎調査」2007年

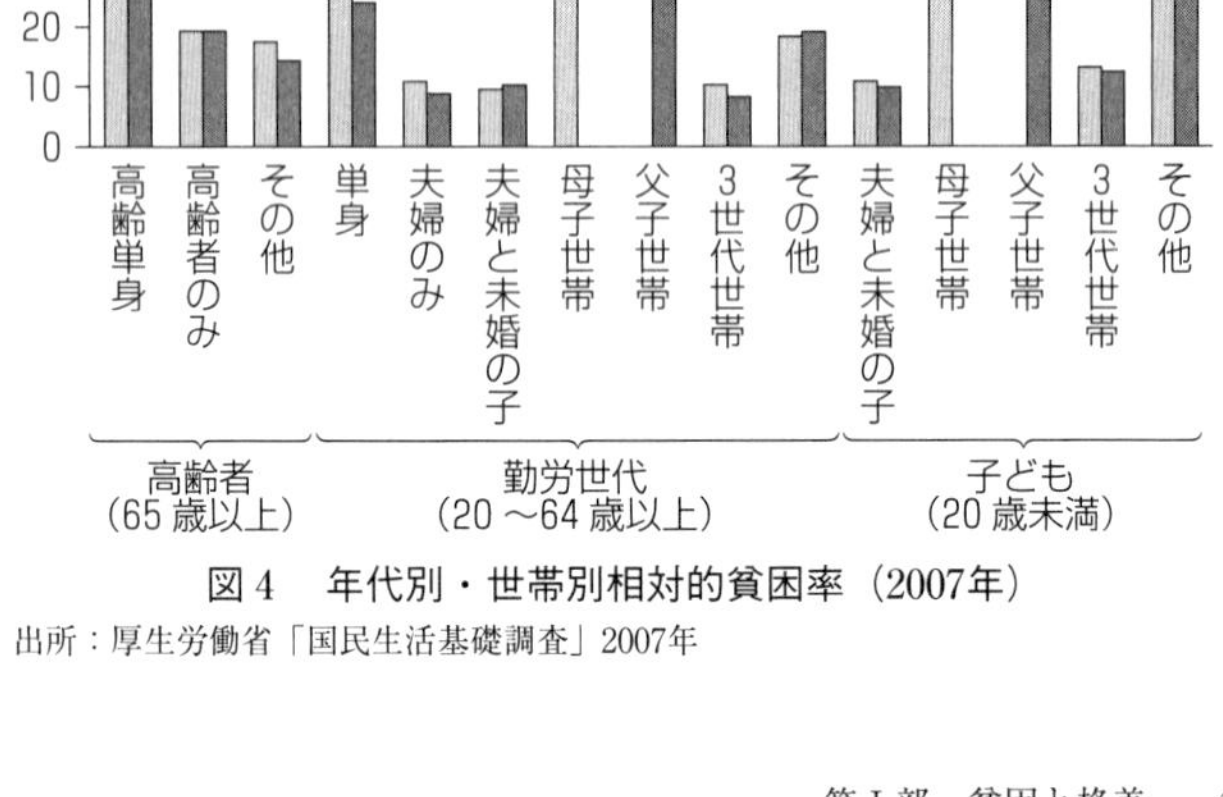

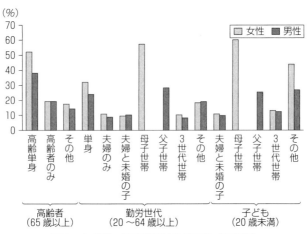

図4　年代別・世帯別相対的貧困率（2007年）

出所：厚生労働省「国民生活基礎調査」2007年

いう人が貧困者か」に移る。性別、年齢別、世帯類型別に見たとき、日本の貧困の特色が鮮明となる。**図3**と**図4**は、それを示したものである。まず**図3**で、男性と女性のどちらに貧困者の数が多いかに注目すると、25歳から60歳辺りの勤労世代は大差ないが、65歳を過ぎた高齢者において、女性の貧困率が男性のそれよりも5から10ポイント近くも高い。年齢別に注目すると、高齢者の貧困率が20％から30％に達しており、高齢者の5人に1人以上が貧困という状況が日本の特徴となっている。

図4は、日本の貧困の現状をより深刻な姿として浮き彫りにしている。貧困率を世帯類型別に見た図であるが、どの世代においても、夫婦世帯より単身世帯の方がはるかに高い。まず高齢者に注目すると、高齢夫婦がほぼ20％に対して、高齢単身男性は40％近く、高齢単身女性は50％強と、単身高齢者の半数近くが貧困の状態であると言える。これは深刻な状況と言わざるを得ない。一昔前なら、三世代で同居していたり、あるいは成人した子どもが送金によって老親を経済的に支援したりしていたが、その風習が急速に消滅しつつあることや、老齢年金を十分に受領できない高齢者がかなりいることによる。

勤労世代に注目すると、これまた単身者の貧困率の高いことが目に付く。特に深刻なのは、母子世帯の60％に近い高さであり、子どもを抱えて働く母親の生活は苦しいのである。母子家庭の母のうち、実家の親からの経済的支援や前夫からの慰謝料・養育費のある女性もいるだろうが、大半の所得は低い。これは、非正規の仕事が女性に多い、女性の賃金が低い、子育て中で長い時間は働けない、といった事情が原因となっている。

同様のことは、子ども（20歳未満）のいる世帯についても、母子家庭の貧困率が60％近くに達していることで確認できる。勤労世帯、子ども世帯ともに、母子家庭の貧困率が父子家庭の約二倍の高さになっており、いかに女性が男性よりも低い所得かが明らかである。男性の場合、死別や離婚によって独身になっても、女性の平均賃金より男性のそれが高いため、貧困になる確率は低い。

貧困者の多い理由

日本の貧困率が高い理由は、いろいろあるが、ここではそれを簡単にまとめておくにとどめる。

(1)「失われた20年」と言われるように、日本経済が不振であった。企業の採用意欲が乏しいことから失業率が高まったし、支払い能力の低下が平均賃金を下げることにつながった。

(2) 日本の貧困者は高齢者（特に単身高齢者）に多いと示したが、全般に年金、医療、介護といった社会保障制度の不十分さがある。しかも家族の絆が弱くなり、家族からの経済的支援が低下した。

(3) 働く世代に、パートや派遣、期限付き雇用などの非正規労働者の数が増加した。非正規労働者の労働条件が悪いことはもとよりよく知られているので、ここでは詳説しない。一点だけ強調すれば、かなりの数の非正規労働者が雇用保険や年金・医療保険制度に加入できないことも、これらの人の生活保障に役立たなかった。

(4) 生活保護制度を必要とする人に適切に支給されない実情があった。種々の研究成果によると、日本では本来生活保護支給を受けてもよい貧困者のうち、現実にその制度の恩恵を受けている人の割合は、20％にも満たないとされている。

(5) 日本の最低賃金額が低く抑制されていた。生活保護支給額より最低賃金額が低いという事実が長い間見られたが、最近になってようやくそれが解消されつつある。しかし生活保護支給額すら食べるのに大変苦労する額なのである。

貧困者の数を減らす政策はあるのだろうか

これだけ多い貧困者の数を減らす政策を考えてみたい。すぐに思い浮かぶ政策は、日本経済を強くすることによって企業の採用意欲を高めたり、労働者への支払い能力を高めて低賃金で苦しむ人の賃金を上げたりすることである。「アベノミクス」は経済を強くするための政策を実行しており、それはある程度成功しているので、好ましいことと判断できる。

ただし、「アベノミクス」には弱点もある。それをいくつか述べてみよう。

第一に、大都会の大企業を中心に経済回復の成果が見られる傾向があり、貧困で苦しむ地方や中小企業で働く人にはその恩恵が及んでいないと言える。「大企業が潤えば、いずれ中小企業にもそのおこぼれが波及するだろう」との期待感、それをトリクルダウン理論（滴が上から下に落ちるように効果が波及すると考える理論）と称するが、多くの国でそれは成功していない。それが実現するような強力な手立てが必要である。

第二に、社会保障制度を抜本的に改革し、年金、医療、介護、雇用といった分野で、国民の生活に安心感を与えるものにする、という意思が政府に感じられない。現今の社会保障制度は財政支出額の大きな割合を占めているし、経済の効率化にマイナスになる可能性を重視して、むしろ規模を削減した方が好ましいとの声も聞かれる。全く逆の主張が政府の考え方である。

第三に、格差社会の上位にいる高所得者が自分たちの分け前の一部を低所得者に譲る（例えば、高賃金の一部削減や税による所得再分配）といった政策が導入されたら、貧困で悩む人の数は減少するだろうが、こういう思想に賛意を示す人は日本では少数派になっている。でも諦めずに、分かち合いの精神が日本で再起することを願うものである。

2　若者の貧困問題

日本が格差社会、あるいは貧困社会に入ったという認識には、一部に非容認論が根強くあるが、ほぼ定着したと考えてよい。高所得者層と低所得者層間の所得格差が拡大しているというのが前者であり、貧困で苦しむ人の数が増加したというのが後者である。

深刻な若年層の貧困

貧困率が高くなって、日本は貧困大国になっている現状を前章で示したので、本章では若者の貧困に特化して議論する。

若者の貧困を議論するには、年齢別の貧困率が重要である。それを示したのが**表1**である。少し古いデータであるが、29歳以下の若年層世帯において1995年で20・7%、2001年で25・9%の貧困率であり、高齢層並みの高い貧困率である。15年ほど前の若者の貧困は既に深刻だった

表1　世帯主の年齢階層別、貧困率の推移

年　度	1995	2001
全世帯（%）	15.2	17.0
世帯主の年齢階層（%）		
29歳以下	20.7	25.9
30～39歳	9.3	11.3
40～49歳	11.3	11.9
50～54歳	9.5	11.5
55～59歳	10.0	12.6
60～64歳	15.5	16.0
65～69歳	17.0	19.4
70歳以上	31.6	25.3

出所：「所得再分配調査」
1995年の貧困線（Poverty line）＝142.0万円
2001年の貧困線（Poverty line）＝131.1万円
注：この表の数字は橘木俊詔・浦川邦夫著『日本の貧困研究』東京大学出版会、2006年から抽出した。

ことがわかる。年齢別の貧困率の推計は、データの利用可能性と推計手続きの複雑さからそう容易なことではなく、ごく最近の数字はもうしばらく待たねばならない。

金澤（2007）が2004年のデータを用いて29歳以下の単身世帯の若者に関して推計を行っているのでそれを見ておこう。貧困者の所得と定義できる生活保護基準、これらの世帯で一級地の1において月額11万8700円（年額142万4400円）なので、生活保護世帯は税金・社会保険料負担が免除されていることを考慮すれば、年所得は約200万円と推計できる。この額以下の所得しかない人を貧困者とみなすと、「国民生活基礎調査」を用いて貧困率は52・8%と試算される。実に若年層の半数ほどが貧困状態にあるという衝撃的な数字である。

表2　2014年度年齢別失業率（%）

年齢階層	（%）
15～24歳	6.3
25～34歳	4.6
35～44歳	3.2
45～54歳	3.0
55～64歳	3.4
全年齢	3.5

出所：総務省『労働力調査』

表3　若年層と全年齢層の失業率

年齢（%）	1990	1995	2000	2005	2010
15～19歳	6.6	8.2	12.1	10.2	9.8
20～24歳	3.7	5.7	8.6	8.4	9.1
25～29歳	2.7	4.3	6.2	6.2	7.1
全年齢	2.1	3.2	4.7	4.4	5.1

出所：総務省『労働力調査』

高い失業率と低い賃金

勤労をして所得を稼ぎたいと希望する若者に、仕事が与えられず収入がなければ貧困に陥ることは当然である。若年層の失業率がどの程度であるか、年齢別の失業率からそれを確認しておこう。**表2**はそれを示したものである。２０１４年の数字によると、年齢が15～24歳で６・３％の失業率であるのに対して、25～34歳が４・６％、35～44歳が３・２％、45～54歳が３・０％、55～64歳が３・４％であり、中年層と比較すると若年層は約２倍の高さである。若年層の失業率がいかに高いかが明白である。

過去との比較ではどうであろうか。**表3**は若年層と全年齢層の失業率がどう変遷してきたかを示したものである。これによると、実は若年層の失業率は25年ほど前ではそう深刻ではなかった。その後、上昇傾向を示して、2000年代初期にピークに達した後やや低下した。現代では2008年のリーマンショックの影響を受けて再び少し反転上昇した後、多少の景気回復によってやや低下した。とはいえすべての時代において、若年層の失業率は全年齢層よりも高いので、若者の失業率の深刻さは日本の労働市場における一つの特色と結論づけてよい。

ところがである。他の先進諸国における若者の失業率と比較すると、日本はまだ低い国に属していることが興味深い。2011年におけるEU諸国の若年層（15～24歳）では、失業率の平均は21％にも達している深刻さなので、日本はその当時が8・0％だったのでまだかなり低い。さらにヨーロッパでは、例えばスペインのようにおよそ50％にまで達している国があれば、逆にドイツのように8・9％と低い国もあり、国によるバラツキが非常に大きいことに留意したい。ヨーロッパ内では相対的に若者の失業率が低いドイツのことは日本にとっても参考となる。

ヨーロッパと比較すればまだ深刻ではない日本の若者の失業であるが、他の年齢層（特に中年層）より高い失業率である理由はどこにあるのだろうか。

第1に、日本経済が不調であることから労働需要の減退が全年齢層の雇用に悪影響を及ぼしているが、それが特に若年層に及んでいるのである。

第2に、若年層の技能不足がある。これまでの日本企業であれば、技能不足の新規学卒者には採用後に職業訓練を施すことが多かったが、低成長時代に入ったことにより、企業はそこまでの時間的・資金的余裕がなくなったので、将来の基幹労働者になると期待できる一部の未熟練労働者の採用は行うが、それ以外の人に関してはむしろ技能を持った即戦力の採用意欲が高くなった。

第3に、日本は解雇規制の強い国といわれる。解雇要件の4原則を満たして企業が解雇に踏み込むのが厳しいのでなかなか解雇しようとしない。解雇が困難であれば、不況のときには労働者を抱え込むことになるので過剰労働力の状態となり、新規採用の意欲が阻害されるということになる。日本は採用を新規学卒者に頼る傾向が、大企業を中心にして今でも根強いので、既に雇用されている労働者を守るために、新卒という若者が犠牲となって働き口が見つからなくなるのである。

第4に、企業では熟練労働者ばかりではなく、比較的単純作業に従事する未熟練労働者も必要である。業種によっては、熟練労働者はほんの一部いるだけでよく、多くは単純労働の未熟練労働者でよいとする企業がかなりある。そのような企業にとっては、そういう作業をパート、アルバイト、雇用期限つき契約社員、派遣労働者といった、いわゆる非正規労働者に依存するようになる。

これらの労働者を雇用することのメリットは、企業側からすると次のようになる。まず1時間あたりの賃金が低いこと。ここで日本のパート労働の賃金がいかに低いかを、他の先進国との比較によって確認しておこう。**図1**は、ＯＥＣＤ諸国におけるフルタイム労働者に対するパートタイム労働者の1時間当たり賃金の比較を示したものである。日本はそれが48％と非常に低いのである。他諸国ではそれが多くの国で70～90％に達しているのと比較すると、日本のパート労働者の賃金のかなり低いことが明らかである。これに労働時間そのものも短いのであるから、1か月当たりの総賃金がかなり低くなることは当然である。

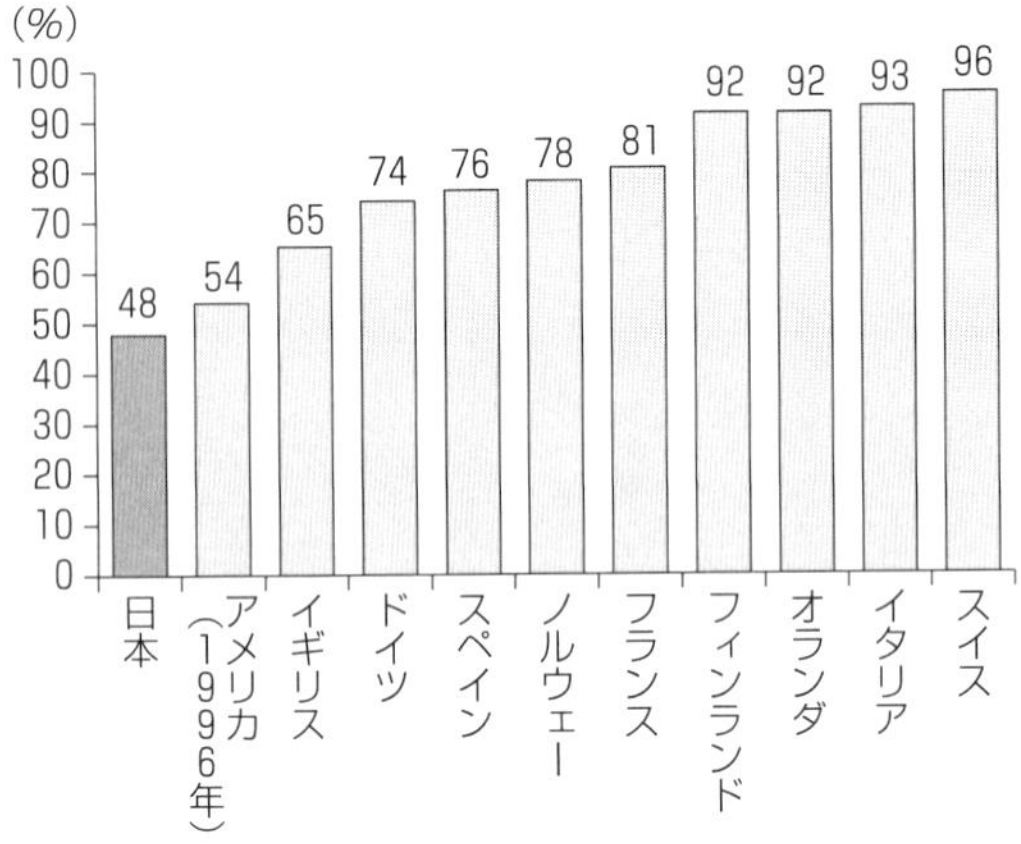

図1　フルタイム労働者に対するパートタイム労働者の時間当たり賃金率

出所：OECD（2005）“Tax Wages 2004-2005 を基に金井（2012）が作成。

注：アメリカのデータは、OECD（1999）“Employment Outlook” より作成し、1996年時点のデータとなっている。

次に企業にとってのメリットとして、企業業績が悪くなったときに解雇がしやすいとか、業務の忙しいときに労働力をそれらの人の雇用に頼るといったことがある。さらに、ボーナス支給がほとんどないことや、社会保険料の企業主負担分の支払いがない、というメリットも大きい。

このようにして企業は非正規労働への需要を高めてきたが、それが若者に集中してきたことを確認しておこう。**表4**は男性の年齢別に非正規労働者の割合を示したものである。一般に女性労働者（特に既婚者）にパート労働などの非正規労働が多いことはよく知られているが、ここでは年齢別の差が顕著にあることを知るために、男性に関する情報を示したものである。これによると、年齢が15～24歳にあっては実に43・

3％が非正規労働者であり、中年層（25～54歳）の割合と比較するとはるかに高いことがわかる。なお高齢の55～64歳においても28・8％とかなり高いが、ここでの関心は若年層なので高齢層に関してはふれない。

ここで1点だけ留意する必要のあることを述べておこう。若年労働者の非正規率の高いのには、15～24歳に限ればその中に高校・大学などに在籍しながらアルバイトとして働いている若年もいる。こういう人を除けば太田（2010）が警告するように、学生以外の若年層に関しては非正規労働者の割合は20％台に低下するのである。しかしこの数字でも**表4**で見た中年層の非正規労働の比率よりもかなり高いのであるから、若年層が他の年齢層（高齢層を除く）よりも非正規でしか働けない事情が強いことは明らかである。

表4　2010年男性の年齢別非正規労働者比率

年齢（％）	
15～24歳	43.3
25～34歳	14.0
35～44歳	8.1
45～54歳	8.1
55～64歳	28.8
全年齢	18.9

出所：総務省『労働力調査特別調査』

第5に、日本の法によって定められた最低賃金額がまだかなり低いことがある。橘木俊詔・高畑雄嗣（2012）が示すように、最低賃金は他の先進国と比較してかなり低い。現代の日本ではおよそ800円前後になっているが、フランスやイギリスなどは1200円程度の最低賃金金額である。日本の最低賃金の額でたとえフルタイムとして働いても1か月の生活費にあてるだけの月収にはならないのである。日本の労働市場において、最低賃金当たりの賃金で働いている労働者の多くは、既婚女性のパートタイマーか若者かの2種類でほとんどが占められている。民主党政権の間に最低賃金はやや上げられたが、自民党政権になったので引き上げ幅は減少した。

経済的に苦しむ若年層の人生への影響

若年層の高失業率、そしてたとえ働く場所があったとしても低い所得に苦しんでいる現状は、若者の人生にどのような効果を与えているのだろうか。これからの日本において中核的人間となる人が、若い時代にこのような経験をしたことによってどのような人生を送ることになるかを予想するものである。多くは悪効果の予想となるので、できればそのような経験をしないほうがよい、という希望がある。

第1に、若い時代に働かないとか、あるいは働いても技能を修得する機会に乏しい非正規労働者であるなら、熟練労働者になる可能性は低い。将来の中核的労働者、あるいは指導的労働者になりうる人の数が少なければ、企業での生産性の伸びが期待できない。経済活性化への道にとってマイナスに作用する可能性がある。

第2に、橘木俊詔・迫田さやか（2013）が明らかにしたように、賃金が低いとか非正規労働者で働くということは、若者が結婚に至る道を大いに阻害している。現に若者の未婚率を高めている理由のうちの1つとして、若年層の低所得がある。20歳代・30歳代の男性について年収300万円未満の人で既婚者は10％に満たず、女性の恋人なしとか交際経験なしが、なんとそれぞれが30％

台に達している。「年収300万円の壁」が存在するのである。結婚しない人が増加すると、今の日本であれば非嫡出子（法的に結婚していない男女の間に生まれた子）が非常に少ないので、出生率の上昇は期待できず、少子化はますます進行しそうである。将来の労働力不足はますます深刻となり、経済成長率はマイナスパーセントを脱却できそうにない。

第3に、低い所得の若年層の数が多ければ、家計消費は増加せずに内需の増加にも期待できない。もし結婚しなくて子どももがいない単身者としての人生を続けることになると、この点からも家計消費を増加させない。これも内需拡大への阻害要因となる。これらは景気回復や経済成長にとってプラスとはならないのである。

第4に、若者に失業者が多くかつ低所得であるなら、進行する格差社会、あるいは貧困社会の解決につながらない。とはいえ、格差や貧困を大きな社会問題とみなさず、格差の下にいる人々は自立の精神が欠如しているからである、とする見方の人が日本には根強く多いので、このまま格差・貧困社会は続く可能性はある。

以上が若者の貧困が社会に悪影響を及ぼす効果であるが、それをなくすには若者が貧困から脱却できるような政策が必要である。具体的には、若者の雇用確保、就学している時に仕事に役立つ職業訓練を施すこと、同一労働・同一賃金制度に近づくこと、最低賃金のアップなどがあるだろう。

文献

太田聰一『若年者就業の経済学』日本経済新聞社、2010年
金井郁「働き方による格差――パートタイム労働を中心に」、橘木俊詔（編）『格差社会』ミネルヴァ書房、2012年
金澤誠一「今日の国民生活と貧困問題」、川上昌子（編）『新版・公的扶助論』光生館、2007年
橘木俊詔・浦川邦夫『日本の貧困研究』東京大学出版会、2006年
橘木俊詔・迫田さやか『夫婦格差社会』中公新書、2013年
橘木俊詔・高畑雄嗣『働くための社会制度』東京大学出版会、2012年

3　格差と雇用の問題を解決する政策

格差問題が日本で論じられるようになってもう10年以上が過ぎた。一時ほどの熱気はなく、格差問題は沈静化した感もあるが、実態はむしろ悪化していると言った方がよい。それは次の二つの事実と動向で確認できる。

第1は、格差問題が全世界的な拡がりを見せている。2011年のニューヨークのウォール・ストリートでの若者による格差問題を掲げた抵抗運動を起点にして、世界中にその運動が拡大したことでわかる。ただし皮肉なことに、日本ではこの運動に呼応する動きは弱かった。第2は、日本に注目した場合、貧富の格差というよりも、むしろ貧困の深刻さが認識されるようになった。むしろ生活に困っている一部の人をどうするか、ということが格差問題の象徴となった。繰り返すが、他の先進国と比較すると、日本の（相対）貧困率は15％を超えてより深刻な状況にある。

もう一つ日本を悩ませている問題は、格差と多少関係あるが失業率の増加である。失われた20年という日本経済の不振によって雇用の確保が大きな問題となり、リーマン・ショックによってそれが一段と深刻となった。これを解決するために、日本経済を成長路線に乗せるための施策が議論されているし、実行もされている。私見はこの成長戦略に懐疑的である。少子・高齢化によって家計消費の減速は避けられないので内需は低下しているし、同じく少子化によって労働力不足が到来しそうである。この二つの問題がある限り、日本は高成長を望んでも無理であると判断している。成熟経済の日本にあっては、低成長率（せいぜい1％前後）が望みうる経済の実態である。とはいえ、それであっても国民の雇用を確保し、かつ格差の縮小と貧困者の削減を図ることが可能と考える。本章はこのための政策を考えてみたい。

格差問題

まず格差の問題であるが、これの発生と拡大を説明するいくつかの理由を指摘できよう。本章の関心範囲だけに限定すれば、労働市場の二極化が顕著となった点がある。それはアルバイト、パート、期間限定の雇用、派遣労働などといった非正規労働者の数が激増したことと、正規労働者と非正規労働者の賃金などの格差拡大が原因である。**図1**は過去20年間に、正規労働者がどれだけ減少した一方で、非正規労働者がどれだけ増加したかを示したものである。一時間当たり賃金において両者にはかなり格差があり、しかも非正規労働者の大半は不安定な雇用の条件にいるので、肥大した非正規労働者は劣悪な条件の中にいると言ってよく、いわゆるワーキングプアの象徴となってい

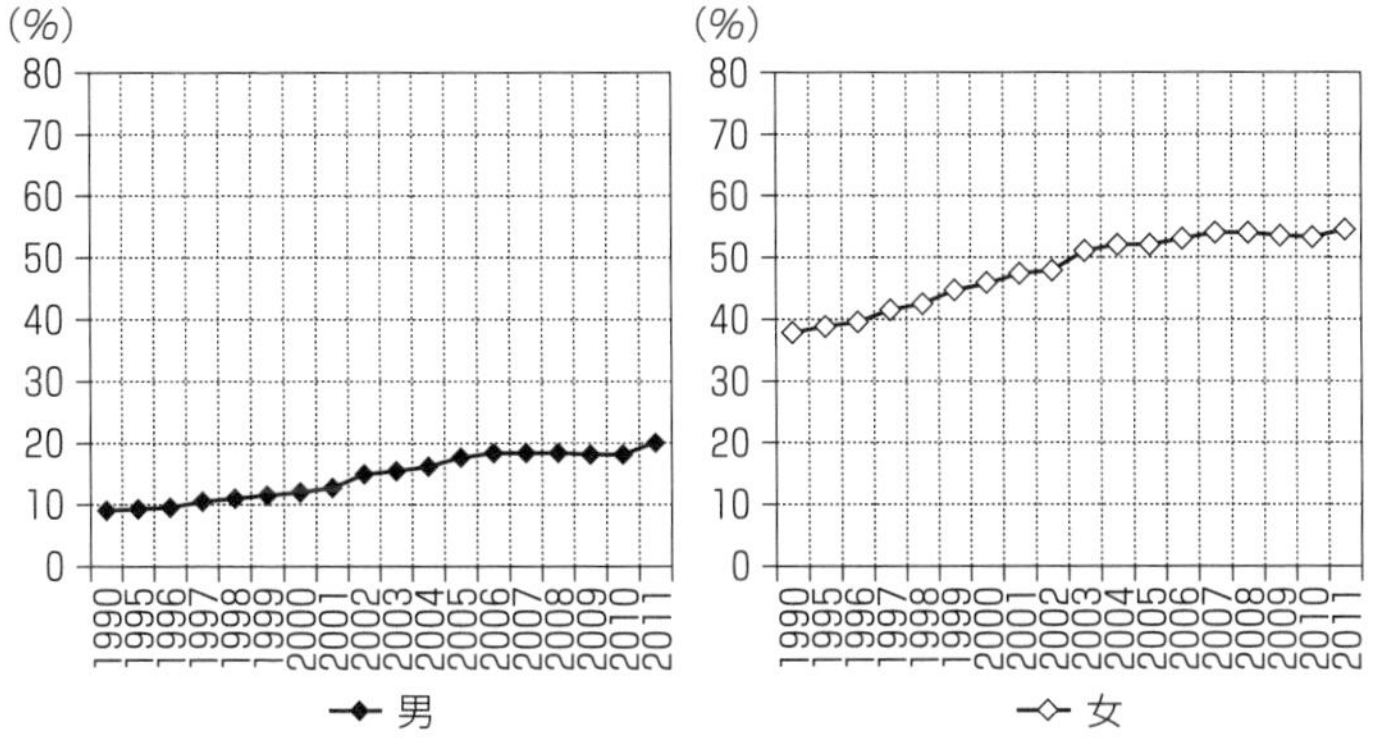

図1　非正規雇用者比率の推移（男女別）

注：非農林業雇用者（役員を除く）に占める割合。1～3月平均（2001年以前は2月）。
非正規雇用者にはパート・アルバイトの他、派遣社員、契約社員、嘱託などが含まれる。
数値は男及び女の総数の比率。2011年は岩手・宮城・福島を除く。
資料：労働力調査

る。

非正規労働を意図的に選択する人もいるので、非正規労働者をゼロにするという策を主張する気は毛頭ない。ただし、身分上の差だけで恵まれた労働者と恵まれない労働者が並存するのはよくなく、例えば一時間当たりの賃金の格差を縮小して、非正規労働者の賃金を上げるという政策をとる必要がある。もとより正規労働者と非正規労働者の間には職場での責任感、勤労意欲、将来の幹部養成への期待度などに差のあることは確実なので、一時間当たり賃金を完全に同一にせよとまでは主張しない。同じ仕事をしているのなら、一時間当たり賃金を同一にせよという学説はあるし、それを法律で実行している国がある。有名な例はオランダであるし、近隣のドイツやフランスでもそれが侵透しつつある。日本においては独自の長い労使関係の伝統があるので、一気に同一価値労働・

同一賃金の原則を導入するのは無理であるから、理想をそこにおいて徐々にそれに近づいていく政策が現実的である。

ワーキングプアをなくすためにもっとも効果的な方策は、最低賃金額をかなり上げるということである。すべての労働者の生活を保障するために、一時間当たり賃金の最低水準を法律で規定するのが最低賃金制度であるが、日本の最賃は低すぎるのである。民主党が政権をとってから低すぎる最賃を600円台から700円の水準まで上げたことは評価できるし、安倍政権もこれに続いて800円程度にまで上げようとしている。しかしながら、この800円という数字も他の先進国と比較するとまだかなり低い。しかもフルタイムで働いても生活ができない月額の賃金である。主要国のフランスやイギリスは1100円から1200円に達しており、日本はまだ低い。

なぜ日本の最低賃金がこれほどまでに低いかといえば、伝統的に企業経営者の主張を日本は受け入れてきたからである。例えば最賃を上げて企業経営が苦しくなって倒産してもいいのか、倒産すればすべての労働者が企業を離れねばならず、失業者になっていいのか、といった声を尊重してきた。最賃を上げることによって雇用が削減されてもいいのか、という経済学者の声もかなり強かった。最低賃金は中央と各都道府県において経営者、労働組合、中立という三者の参加する最低賃金審議会で決められてきたが、企業がつぶれてもいいのかという主張と、雇用の削減があっていいのか、という声に対して、雇用を大切にする労働者と中立の人々も暗黙に了承してきたのであった。

したがって、日本の最低賃金の額ではフルタイムで働いても到底食べていけないということを多くの人が認識している時代であっても、労働組合や中立の人々も経営者の主張にあからさまに反対してこなかったのである。

労働組合に一言皮肉を言えば、最低賃金審議会に出席する労働組合の代表は主に連合に属する組合の人々であり、主として大企業、男子、それに正規労働者といった、先程述べた区分で言えば、恵まれた労働者の人々が大半である。高い賃金、安定した雇用の中にいるこういう労働者は、労働組合に属さない非正規労働者の声を代弁する気は強くないのである。確かに審議会の場において、労働組合の代表は最賃額のアップを主張するが、どこまでそれにこだわるかと言えばそれはあまりなく、最後は既に述べた経営者の声に妥協してしまうのである。雇用の安定している正規労働者は自分たちの既得権益を守りたいために、最後は経営者の主張に強硬な抵抗をしないのである。

このことは経済学の世界でも学説がある。「インサイダー・アウトサイダー理論」と称されるものである。労働者には現在雇用されている労働組合員であるインサイダーと、失業している非労働組合員のアウトサイダーの関係に注目する。インサイダーは既得権益があるので、関心は自分が高い賃金を得ることだけであり、アウトサイダーは企業での賃金交渉の場にいないので、発言権がない。日本に即してこの理論を当てはめれば、最低賃金審議会でのインサイダーは労働組合員の正規労働者であり、アウトサイダーは非労働組合員の非正規労働者である。

非効率企業の退場

そこで私はこのディレンマ、すなわち企業が倒産してもよいのかという声の代替案として、企業自らが退場してもらって新しい企業が新規に参入してもらう政策を推進できないか、と考えるようになった。企業の退場は倒産という姿であることも避けられないが、むしろ企業経営者が非効率的な自分の企業をたたんで、効率性の高い企業の新規参入に期待するのである。前者の非効率的な企業では支払い能力が低いので最低賃金のアップに応じられないが、後者の効率性の高い企業であれば支払い能力が高いので最低賃金のアップ策に応じることができる可能性は高い。したがってこの案は既にある企業の退場と新規企業の参入に期待するというものである。もとより退出する企業で働いていた労働者を、新しい企業にスムーズに移せることのできるような制度や支援策が必要であることは言うまでもない。

この私案を大々的に主張することに私はためらいがあった。なぜならば、企業が消滅したり新しい企業が誕生して参入することに期待する案は、新自由主義の経済思想に合致しかねず、元々格差問題の是正を主張してきた私は新自由主義に反対のスタンスをとってきたので、自己否定ではないか、という危惧を抱いたからである。新自由主義、あるいは市場原理主義は、企業の衰退、退場、そして誕生、参入を奨励するだろう。

しかしこの危惧を杞憂に終わらせた事項が二つあることに気がついた。第一は、経済学史の勉強に取り組んでいたとき、19世紀から20世紀初期のイギリスにおけるフェビアン社会主義を勉強したが、その中核的経済思想家であるウェッブ夫妻が最低賃金のことを記述した箇所で、私の主張とまったく同じことを主張していることを発見したのである。すなわち最低賃金を払えない企業は効率性の低い企業であって、むしろそういう企業は退場してもらった方がよいと主張しているのである。新しい企業に代替した方が効率性が高まるであろうから、最低賃金を払える企業になりうるという考えである。そして前者の企業を温存することは、一国の経済繁栄にとってマイナスだし、後者の企業に期待することの方が経済活力が増す、とまで言っているのである。

「目からウロコ」というのはこの言葉ではないかと思った。社会主義者が効率性の低い企業の退場を容認し、効率性の高い企業の参入という期待まで述べているのである。私自身はマルクス経済学者ではないが、ウェッブ夫妻などのフェビアン社会主義も経済思想史の中ではマルクス主義に対抗していたし、当時はイギリスやヨーロッパ社会で影響力をもっていたことはよく知られているので、意を強くしたのである。ついでながら、フェビアン社会主義は現代におけるイギリス労働党の源流である。マルクス主義がここまで主張しているかどうか、確固たる証拠をまだ見つけていない。少なくともフェビアン社会主義の思想は私案と同じである。かつての社会主義も現代でいう新自由主義、市場原理主義と似たことを言っていたのである。

似たことは現代の北欧でも見られる。スウェーデンやデンマークの企業では、非効率の目立つ企業の自然退出と新しい企業の参入がかなり多いことで有名である。しかも労働者も企業を移ることにためらいはなく、労働移動はかなり多い。そこで政府の役割が重要で、新しい産業、企業に移る人への職業訓練をしっかり行っており、新企業においても有能な労働者として働けるようにしている。さらにその間失業して所得のない人には、失業保険給付を行って生活に困らないような配慮をしている。

第二に、日本経済史をたどると、実は既存企業の退場と新規企業の参入は、日本でもかなり実行されてきたことに気付く。代表的な例を挙げれば、戦後に動力源が石炭から石油に替ったとき、石炭産業は衰退して、それに替って石油産業、化学産業が興隆したのである。ここでは企業の退場と参入は大々的に行われたのである。もう一つの例は、日米の繊維貿易戦争の頃に、日本の繊維産業は衰退を迫られ、かなりの企業が倒産せざるをえなかった。しかし一部の企業は付加価値の高い繊維、織物の生産に転換して、新しい企業の参入と言ってよいほどの変貌を遂げたことがあった。日本企業も過去にはうまく衰退、退場、誕生、参入の歴史を示してきたのである。

ここで述べた二つの例は、産業の規模が大きい（特に前者）。現代の最低賃金にかかわる問題に該当する企業はむしろ中小企業に多く、そのまま二つの成功例をすぐに適用できるものではない、という反論はありえよう。しかし中小企業であっても、企業家精神の発露と、行政による背後からのサポートがあれば、うまく退場と参入を実行できるのではないかと信じる。その具体策については別稿に期待するとして、ここで最低言えることを結論として述べれば、非効率性の高い企業を保護して守るという発想を、そろそろ捨て去る時期ではないか、ということになる。

分かち合いの精神

もう一つ重要な項目がある。それは最低賃金のアップや正規労働者と非正規労働者の格差是正のためには、高い賃金を得ている正規労働者が少しだけでもよいから、自分達のもっている既得権益を譲るということに合意してくれないか、ということである。例えば、最賃を上げたり、非正規労働者の労働条件を改善するためには、高所得者や正規労働者の犠牲も少しは必要ではないか、ということである。これは分かち合いの精神の発露であると言ってもよい。あるいは、インサイダーがアウトサイダーのことを思って自分たちの権益を多少譲るということである。このことを国全体の視点から換言すれば、高所得者から低所得者への再配分を強める策である。

この案に関しては、新自由主義の立場からは猛反対が来そうである。日本においては所得税での税率に関して、最高所得税率が20年前は70～80%だったのに今では半分の40%にまで下げられており、再分配の程度を弱めてきた歴史が続いた。これは新自由主義が日本でも強くなった一つの証拠でもある。今の時代に再び前のように70～80%に戻す案は無理であるが、50～60%にまでもっていくことはあってもよい。

同じことは企業内でも発生した。管理職と非管理職の間の俸給格差、正規労働者と非正規労働者の間の賃金格差などが拡大したのであり、これも市場原理主義の浸透と言ってよい。これまでの日本企業にあっては、よい意味でもわるい意味でも平等主義が残っていたので、これらの格差は大きくなかった。しかし新自由主義の浸透によって能力のある者と能力のない者の差、身分による差、頑張る者と頑張らない者の差が拡大することを容認してきた。頑張る者と頑張らない者の差はインセンティヴを大切にする点からも多くの人が容認することであろうが、能力のある者と能力のない者の差にはある程度の歯止めがあってよいのではないかと思う。正規労働者と非正規労働者といった身分による差については、容認できない、というのが私見である。これらから得られる結論は、恵まれた上位にいる人は恵まれない下位にいる人に対して、ある程度の犠牲を払ってもよいのではないか、ということである。

もっともここで述べた案、すなわちいろいろな方策によって恵まれた人が恵まれない人に対して、何かを犠牲にするという思想に関しては、個人によって受け取り方が異なる。個人の価値観は異なるので、そういう政策に賛成する人から反対する人まで、意見は様々である。民主的な国家にあっては、国民の多数派意見によってどのような政策をとるかが決まる。世界の先進国を区分すれば、福祉国家とされる北欧諸国にあっては人々の間の「分かち合い」に賛成する人が多いので、そういう体制にいるのであり、一方の極はアメリカ国民であって、自立と自己責任を重視するので、「分かち合い」に賛成する人は少ない。

日本国民はどちらを選択しているのであろうか、と問われれば後者のアメリカ型に親近感を持つ人が多いのではないかと判断している。そう思わせる一つの根拠は、恵まれた人が恵まれない人への移転をなかなか容認せず、既得権益を守ろうとする人が多いことでわかる。

もう一つは、福祉の充実には社会保険料や税収を増加させる増税案が必要であるが、頭ではそのことをわかっていても、現実に増税策が提案されると拒否反応を示す日本国民の多いことだ。

とはいえ、働き方の多様性が増している中で、改革をせねばならない点が一つある。それは社会保険制度に加入する人の数を増加させて、非正規労働者は当然とし、働いていない人にも保険制度のメリットを受けることができるようにすることだ。雇用、年金、医療などの社会保険制度に加入するには、労働時間や年収に制限がある。これまでの日本であれば夫が働いて社会保険に加入し、妻や子どもは被扶養家族として社会保険に加入していたが、働き方の多様化により、たとえフルタイムで働いていなくとも、個人で社会保険に加入すべき時代である。政府もそのことの必要性を認識していて、徐々にではあるが短時間労働や年収の低い人にも参加の窓口を広げる政策をとっている。これは正しい政策なので、それを強める方向に進めてほしい。

社会保険に関しては、年金と医療などの制度は職業によって加入する制度が異なるという、制度の乱立がある。例えば医療保険制度であれば、大企業での組合健保、中小企業でのきょうかい健保、公務員での公務員共済、無業者や引退者での国民健保、と四つある。これは歴史的に同じ職業に就いている人同士が独自の保険制度をつくって運営してきた経緯から生じていることである。制度の乱立をやめて統合・一本化に進めることが、国民全般に普遍的な福祉サービスを提供するという意味で公平なことである。しかし、制度の統合は掛け声だけで、なかなか進展しない。ここでも既得権益をもっている職業（例えば、公務員と大企業に勤める人）に就いている人が、統合に抵抗したからである。強力な政治力でもって統合に向かうしかない。もっとも公務員と民間企業で働く人の統合は進みつつあるので好ましいが、自営業や無業の人との統合はまだまだである。

最後に、失業率を下げるために、「分かち合い」の精神から生じる政策として、ワークシェアリングがあることを述べておこう。高い経済成長率の望めない日本経済にあっては、労働需要を増大させて雇用を吸収する政策に大きな期待を寄せることは不可能である。そこで思いつくのは、現在働いている人の労働時間を少し減少させて、失業している人に労働時間を回す案である。この労働時間による「仕事の分かち合い」がワークシェアリングである。もっとも有名な国はオランダであるし、ドイツやフランスも過去に成功している。オランダやフランスでは、法律で労働時間を短縮して、失業率の低下を図ったのである。

日本においてもワークシェアリングを導入するのが望ましいと主張してきた私であるが、導入の例はごく一部にあっただけで、基本的には導入されていないと言ってよい。なぜ日本で無理なのか様々な理由があるが、既に雇用されている既得権益をもつ労働者が乗り気でなかったことが一つの理由である。さらに、経営者側にも技能の低い新しい労働者が職場で働くようになると、生産性が低下するかもしれず、抵抗感が強かったことがある。日本でのワークシェアリング導入に関しては、失業率が10%を超えるという非常時ならありうるかもしれないが、現時点ではまだそこまで達していないので、導入の可能性を悲観的に見ざるをえない。ここではこれ以上ワークシェアリングに言及しない。

4　アベノミクスと労働改革の諸問題

第二次安倍政権が誕生してほぼ三年が過ぎた。第一次安倍内閣は健康上の理由で退陣したが、政治をうまく運営できなかったという失敗もあった。それを繰り返さないために、積極的な政策を政治、軍事、経済、教育の分野で打ち出している。自公連立政権の圧倒的な支持率の高さを背景に、積極的あるいは見方によっては強硬な政策を打ち出している。その強硬な策とは、例えば集団的自衛権の閣議決定や安保法制に現れているが、本章では軍事や政治のことよりも経済のことに注目して議論してみたい。

経済に関することはアベノミクスと称されて、「三つの矢」という形で提案されてその一部は既に実施されてきた。同志社大学・浜矩子教授によれば「アベノミクス」は「アホノミクス」と解釈したほうがよいとされる。私は１００％アベノミクスを批判するつもりはなく、多少の成功はあったと認識している。しかしもっとも重要な第三の矢はこれからである。すなわち成長戦略についてはいろいろ問題があるので、そのことを論じてみたい。

その前に、第一と第二の矢について一言述べておこう。第一の矢、すなわち徹底した金融の量的緩和策については、当初は株価高と円安が発生して、マクロ経済は良い方向に向かった。しかしその効果は短期間にしか出現せず、残ったのは円安によって輸入の増加が起こり、貿易収支の赤字という現象を招くこととなった。しかも2年以内に「インフレ率の2%」を目標としたが、それは達成されなかった。

第二の矢である財政政策に関しては、国債発行による公共事業の増大策を採り、景気対策の柱とした。しかし先進国のなかでもっとも深刻な財政赤字の中で、その赤字を削減する策が忘れ去られた感がある。社会保障制度の健全な運営のために消費税率を5%から8%に上げるという妥当な政策を行ったが、それが財政に余裕を与え公共事業の財源を得たと理解される危惧があった。このことから先進国における最大の財政赤字の額は削減にほど遠い状態にある。さらに国民の最大の関心事である安心を確保するための社会保障制度の改革には、不熱心な取り組みしかしていない。

第三の矢である成長戦略については、次節で詳しく検討する。

成長戦略

成長戦略とは日本経済を2〜3%の成長率に高めるために、諸々の改革を行うものである。例えば企業の活性化を図るために法人税率を下げるとか、戦略特区を設け格別の規制緩和策を導入して経済効率を高めるとか、労働分野での改革を進める、といった政策を実行しようとしている。

これらの政策を本格的に議論する前に、そもそも成長戦略が必要かどうかを考えてみたい。日本は少子化が進行中であり、労働力不足とそれに伴う家計消費の不振が経済成長率を負にするのは当然の帰結である、として認識しておきたい。日本人が少子化を選択した結果、負の成長率にならざるをえないところに、2～3％の成長率というのは高過ぎる目標ではないかと判断できる。負の成長率なら生活水準の低下を意味するので、私見はさすがにそれは避けるべきと考え、ゼロ％にまで成長率を高めるという成長戦略であれば容認する。しかしそれを2～3％にまで高める策はまずは不可能だしやり過ぎでもあり、様々な悪い副次効果を生むので無理と判断する。

なぜやり過ぎかといえば、日本人の労働時間を不必要に長くせねばならないし、戦略特区構想は中央重視なので、中央と地方の経済格差をこれまで以上に拡大しかねないからである。戦略特区にはつけ足しのようにごく一部の地方も含まれているが、ねらいは東京、大阪、名古屋地区の経済活性化である。しかもそれは大企業を念頭にしているので、中小企業への対策が置き去りにされている感がある。

様々な副次効果とは、成長率が高ければ電力を多く発電せねばならず、リスクの高い原子力発電に頼らざるをえない。3・11が再度起きれば日本は終わりになるかもしれない。さらに、経済活動を高めると、CO_2排出をはじめ、地球温暖化といった環境破壊を今まで以上に深刻化する。さらに、石油、石炭、鉄鉱石、水資源、森林といった天然資源をこれまで以上に使用することを促すので、資源枯渇問題を深刻にする。資源・環境問題を考えると、ゼロ成長率（すなわち定常状態の経済）が最適である、とする経済学説を大切にしたい。

労働の規制緩和：労働時間について

成長戦略の大きな柱は労働の規制緩和なので、詳しくそれを検討しておこう。様々な政策の中で関心を呼んでいるのは、労働時間政策である。労働者には大別してホワイトカラーとブルーカラーの二種類があるが、前者に関して残業代の支払いをやめるという策が主張されている。ホワイトカラーの仕事に対する報酬は、成果に応じて支払われるべきであって労働時間の長短とは無関係であるべし、というのが根幹にある。従ってたとえ所定労働時間より長い労働をしても、企業はその時間分（すなわち超過勤務時間）の賃金を払わなくともよいのである。この考え方は一般にホワイトカラーエグゼンプション（適用除外）制度と呼ばれる。

ブルーカラーの仕事の成果は労働時間に比例し、ホワイトカラーの仕事の成果は労働時間よりも、どれだけ見るべき実績を上げたかによる、というのは一定の正当性があるので、何が何でもホワイトカラーのエグゼンプションに反対するものではない。実は第一次安倍内閣のときにもこれを導入しようとしたが、時期尚早として葬り去られた経験があるので、今一度これを目指すという気概が現政権にある。もとより産業界の意向が大きく働いている。

ではなぜ葬り去られたかといえば、これが労働時間の無制限の増大につながる恐れがあったからによる。もし残業代の支払いがないのならば、企業にとっては労働費用の節約になるのであり、魅力となる。しかしもしホワイトカラーが仕事の目標とする成果を出さずにいたら、それを出すまで異様に長い労働時間を強いられることになりかねない恐れがあった。

しかもホワイトカラーによる仕事の成果をどういう尺度で計測すべきかが明確でないと、働き手にとっても何を目標にすべきかはっきりしないことがある。例えば営業職であれば自社製品の販売高で評価できるが、総務、経理、人事、研究、技術といったホワイトカラーの仕事の達成度は、計測方法を明確にしないと納得できる成果の評価にならない。

時によっては、いたずらに目標のないまま無償労働に走らねばならないことがありうる。あるいは目標が明らかであっても、それを達成するためにホワイトカラーが無理をして無茶苦茶に長い労働時間にコミットすることもありうる。これがいわゆる日本で特有の過労死が発生した一原因だったのである。

政府や厚生労働省もこれらの危惧は分かっているので、対象のホワイトカラーを格別に専門性の高い仕事をしている人とか、年収1000万円を超す人に限定するなどして、なんとかその範囲内で労働基準法を改正したいと計っている。国税庁の所得統計によると、給与所得が1000万円を超す人は管理職を含めて全体のわずか3・8％に過ぎない。既に管理職には残業代が支払われていないのであるから、非管理職で1000万円以上のホワイトカラーはほんの少数しかいないであろう。なぜこのような少数の人をターゲットにして改正を目指すのか、それは非常に小さな穴をまず空けておけば、次は穴をどんどん大きくできるだろう、という思惑が働いているからである。換言すれば、反対の少ない人だけに適用しますよ、という言い訳を最初に用いて導入し、制度が定着すれば、一度入れば次はもう簡単に次の段階に進むことができるという魂胆が見え見えである。

むしろここで大切なことは、第一に、ホワイトカラーの仕事を何で評価するのかを、労使の間で明確な基準を設けておいて、それに合意しておく必要がある。第二に、深夜や休日の出勤まで残業とはせずに、特別の配慮外とする方向にあるが、これらは酷な残業とみなして特別手当を出すべきと考える。第三に、ブルーカラーを中心に、一部のホワイトカラーをも含めて残業に対するプレミアム（割増賃金率）が日本は低過ぎることのほうが深刻な問題である。例えば欧米ではプレミアムは50％が普通であるのに、日本はまだ原則25％なので低いのである。これでは無償労働に近い姿と解されても誇張とはならない。

第三のことと関係するが、ブラック企業という名が横行しているように、日本ではサービス残業が目立っている。本来ならば残業代をもらってもいいのにそれが支給されないケースが特に多く、働き過ぎの日本人の代名詞ともなっている。雇われている労働者は経営者より弱い立場にいるのは明らかなので、無償労働を企業から要求されてそれを拒否すると、解雇されるかもしれないことを恐れて、労働者はこれを渋々受け入れているのである。1000万円以上の給与のあるホワイトカラーの残業代をゼロにするよりも、まずはサービス残業をなくする策のほうが先と判断するものである。

残業代プレミアムを上げて、サービス残業を少なくすれば、労働時間は確実に減少する。これらの政策を積極的に進めてほしいものである。

ここで日本の労働時間が他の先進国と比較してどのような位置にあるのかを確認しておこう。**図1**はそれを示したものである。注でも示してあるように国際比較には留意が必要であるが、現在では日米の労働時間が長く、英仏スウェーデンがそれに続き、ドイツとオランダが一番短い。長期の視点からすると日本人の労働時間が徐々に短くなってきたことを大いに評価するものであるが、今回の残業代ゼロ作戦が導入され、そしてサービス残業が是正されなければ、日本人の労働時間は反転して上昇に向かうかもしれない。

正規と非正規労働者の処遇改善と賃金アップ対策を

安倍政権の労働問題に関する政策としては、正規と非正規の間に横たわる処遇の差の改善策はさほど前面に出てきていない。日本が格差社会に入ったことは大方の認めるところであるが、格差を説明する一つの大きな要因に、正規労働者とパート、アルバイト、契約、派遣といった非正規労働者の間に存在する処遇の格差の大きいことがある。

格差是正に賛成の人は、例えば同じ仕事をしているなら一時間当たり賃金を同一にとか、非正規労働者にある雇用、医療、介護、年金などの社会保険制度への加入の制限を撤廃ないし緩和せよ、との主張がある。前者に関しては、日本では完全に同一にするにはまだ無理があるので、できるだ

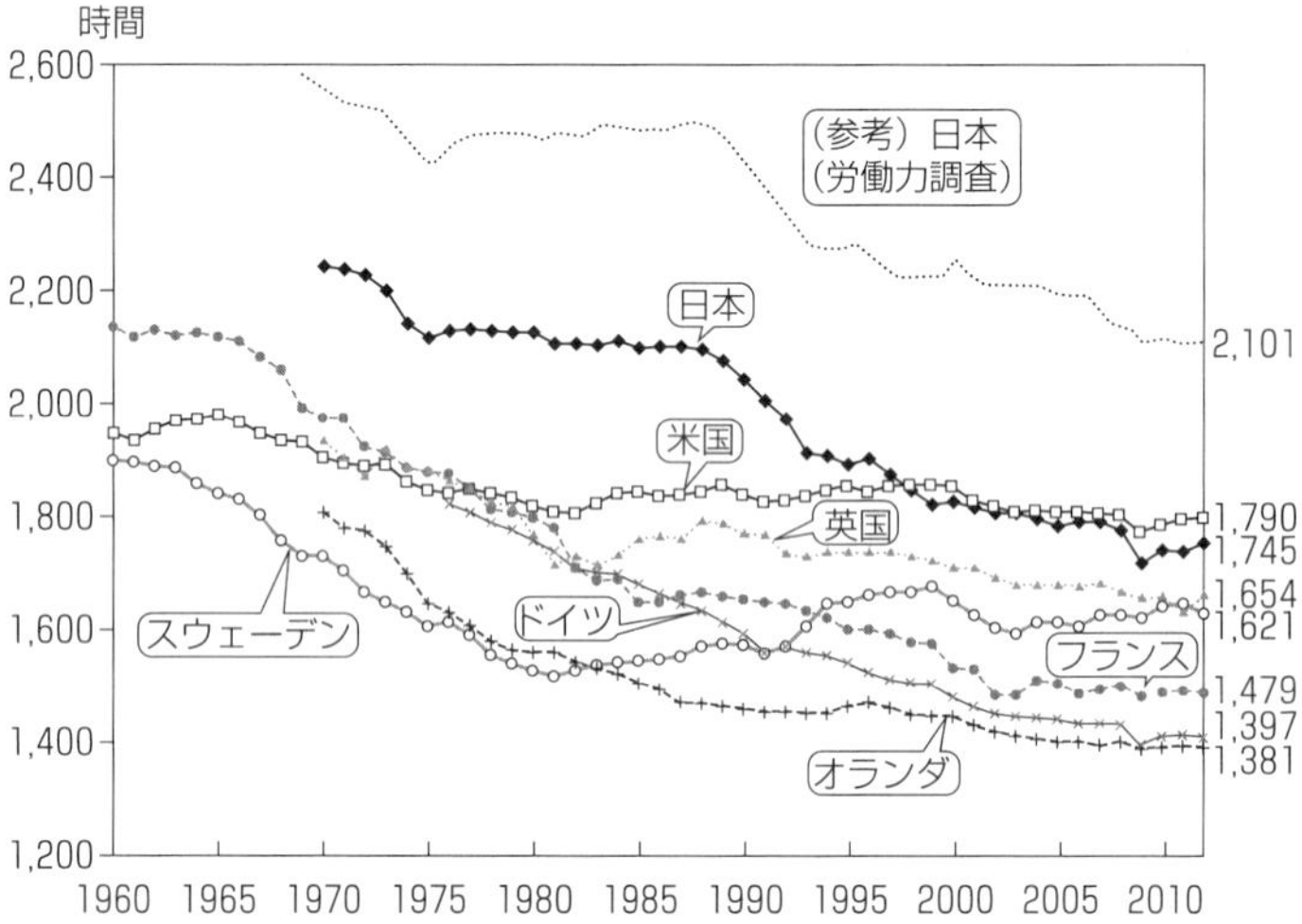

図1　年間実労働時間の国際比較（1960～2012年）

注：Employment Outlookベースのこのデータは、各国の時系列把握のために作成されており、厳密には資料の違いから特定時点の国際比較には適さない。フルタイマー、パートタイマー、自営業を含む。ドイツ1990年以前は西ドイツ。日本（労働力調査）は非農林業雇用者の週間就業時間の年間換算値（×52.143）。

資料：OECD. Stat 2013. 7. 18、総務省統計局「労働力調査」

けこの原則に近づく政策を採ってほしいものである。それへの対策の一つは、最低賃金額のさらなるアップである。後者に関しては、民主党の政権時代にやや進んだが、自民党政権もこれに続いてほしい。

もう一つの方法として論議されていることは、正規と非正規との間に「限定正社員」という新しい種類の雇用形態をつくって、できるだけ正規労働者として処遇せんとする方策である。例えば地域限定、特定の職務限定という制約の下で雇用して、その人を正社員として扱う。しかしそれら特定の地域での仕事や職務そのものがなくなったときは解雇もありうるという契約なのである。偽装正社員にすぎない恐れがあるので、雇用契約の際には明確な条件をお互い認識しておく必要がある。
所得税制との関係で女性パート労働者における103万円と130万円の壁をどう打開するかの論議がなされているが、社会保険の壁に関しては配偶者とは無関係に、すべての労働者が社会保険制度に個人として加入できる制度にすれば解決できるのである。従って民主党の行った政策をもっと推し進めてほしいものである。政権交代があると前政権の政策を、たとえそれが多くの人にとって好ましいことであっても、前政権の悪夢を消すために葬り去ることがよくある。そういうことはあってはならない。

第二次安倍内閣で良い政策をしていることにも言及しておきたい。それは既に述べた最低賃金額のアップである。家計所得を上げて家計消費を刺激し、景気回復を成功させたいため、内閣はこの政策を主張した。民主党政権のときよりアップ額そのものの大きさは小さいが、もともと自民党は経営者側の意向に反することはさほど主張してこなかっただけに、最賃アップの声は評価してよい。これには経営側は乗り気でなかったが、景気回復の兆しがあるだけに、渋々でも応じようとしている。

しかし最賃を含めた賃金上昇策は今のところ大企業で好況の企業だけに限定されていることが残念である。大企業が潤えば中小企業にもそれが波及するような仕組みになってほしいものである。その一つの対策としては、中小企業が大企業に（あるいは下請企業が親会社に）製品や半製品、あるいは部品を搬入するときに、その仕入価格の値が不当に低く抑えられないようにすることが肝心である。大企業や親企業は中小、あるいは下請企業よりも強い立場にいるので往々にして低く抑えられることがある。政策当局の適切な監視と罰則適用が切に望まれる。

女性対策と少子化対策

安倍首相の真偽を計りかねている点が一つあるので、それも述べておこう。安倍首相は女性の活用策を主張しており、例えば官庁での人事で女性を抜擢したり、所得税における専業主婦の控除策を廃止にして、女性労働を推進しようとしている。第一次安倍内閣時代に政府の男女共同参画会議の議員を務めていた筆者であるが、そのとき首相はまったく女性の地位向上や活用策に関心がなかった、という記憶しかない。彼は保守的な男性中心主義者である、と理解していたのである。なぜ第二次内閣になってから豹変したのだろうか。

推察するに、第一に日本の少子化問題が深刻であることを首相も悟り、労働力不足は女性の労働参加で補う必要があると思うようになった。これは成長戦略を掲げる内閣としては当然の策である。第二に、世界各国で女性の進出が目立つようになり、日本がその流れに大きく遅れていることを知るようになって、渋々首相もその流れに追い付く方針を採るようになった。このように消極的な動機にせよ、安倍内閣が女性の活用策に熱心になりつつあることはよいことである。しかし最初に述べたように安倍首相は女性問題に対する関心は低い人だっただけに、現在採用されている政策は単なる人気取りにすぎないかもしれない、と危惧するものである。

経済成長戦略としてもっとも効果的な政策は、出生率の増加策であると主張しておきたい。子供の数が増えると将来の労働力は増加するし、家計消費の増大をも発生させるので、経済成長率を高めることにつながるのである。歴代内閣がもう20年間も少子化対策を掲げてきたが、どの内閣も成功していない。その象徴は、どの内閣も主張してきた「待機児童ゼロ作戦」が達成されえなかったことで示される。第二次、そして第三次安倍内閣も例外なく少子化対策を成長戦略の一環として掲げているが、大胆なものではないことが気になる。

例えば、いくつかのヨーロッパ諸国のように児童手当を大幅にアップさせることはあってよい。摘出子と非摘出子の間の扱いに差を設けないことも考えてよい。さらに、子どもを育てるのにもっともお金のかかる教育費用を、国家が負担する割合を大幅に上げる政策も必要である。しかしこれらの政策は「小さな政府」を是とする安倍内閣の方針と異なるので、期待薄としか言いようがない。さらに、財政政策を担当する財務省が教育費の支出増に消極的なので、ますます可能性は低い。これに関しては、教育行政を担当する文部科学省は教育費の支出増を主張しているので、私は文科省の支持である。

少子化による労働力不足を見越して、単純労働に従事する外国人労働者（いわゆる技能研修性）の滞在期間を5年に延長する案が検討されている。この案は受入国の事情のみによる政策である。移民労働に頼ることを日本が決めるのなら、移民する人々のことも配慮し、確固たる移民対策を本格的に決定してから、受入れ政策に入るべきである。少子化対策として移民の導入に私は必ずしも反対ではない。国民の合意があるなら、誰も不利益にならない移民政策の確立が必要である。

第Ⅱ部　福　祉

〈1〉社会保障と税

1　社会保険の充実で生活保護費の削減を

生活保護制度のあり方をめぐって、議論が起きている。きっかけは、2012年に高収入のタレントの母親が生活保護を受給していたことが明るみになったこと。古くて新しい問題である不正受給に再び関心が集まった。他方、生活保護の受給者は200万人を超え、終戦直後の混乱期である貧窮時の受給者数を超えるようになり、貧困があらためてクローズアップされている。生活保護の支給には年間4兆円弱ものおカネが必要で、財政負担をどうするかも大きな懸案である。

日本国憲法25条に規定する「すべて国民は健康で文化的な生活を営む権利を有する」の理念の下、生活保護法が制定され、さまざまな施策が行われている。生活保護制度が国民が食べていくための最後の支援制度として、一定の役割を果たしてきたことは間違いない。

生活保護の4割は高齢者

生活保護受給者が増えているのは、リーマンショック後の不況が最大の要因と見なされがちであるが、必ずしもそれだけではない。生活保護受給者の約4割は高齢世帯（特に単身者）である。高齢者は景気の動向とは関係なくそもそも働けない世代であり、昔から貧困者であった。

橘木俊詔・浦川邦夫著『日本の貧困研究』（東京大学出版会、2006年）では、むしろ日本の貧困者の半数弱が高齢単身者で占められており、これらの貧困者の多くが生活保護を受けていないことの矛盾を強調している。本来ならば生活保護を受けてもよい低所得者が保護の対象となっていないのである。貧困者のうち何%の人が生活保護を受けているかを捕捉率と称するが、ヨーロッパ諸国の捕捉率が50%を超えているのに対し、日本は20%前後と非常に低い。

なぜ補足率が低いのか。その理由として、生活保護を受けるための資産調査が厳しいこと、貧困者に恥の感情があり申請をためらうこと、貧困者を見つけたり、申請の支援を行う民生委員やケースワーカーの数が十分でないことなどが指摘されている。

日本の捕捉率の低さは、生活保護による貧困削減効果が極めて限定的であることを意味し、社会政策としていかにも中途半端である。捕捉率を正常の値に上げるということは、生活保護支給額を増加することにつながる。

かといって筆者は生活保護制度をもっと充実させよとは主張しない。高齢者を例にすれば、年金制度がしっかりしていれば生活保護を受けずに年金だけで生活できるはずである。このことは橘木・浦川の前掲書で証明した。

病気や要介護の高齢者でも、医療や介護の保険制度が充実していれば、生活保護支給額のうち医療扶助という巨額を占める支給の節約が可能なはずである。失業者に対する生活保護受給に関しても、雇用保険制度の充実があれば生活保護に頼らなくてもよいはずだ。つまりは、さまざまな社会保障制度を充実させれば、生活保護制度による貧困軽減策に頼らなくてよくなり、生活保護の予算を大きく削減できるのだ。

生活保護ではなく、個々の社会保障制度に頼る方策がなぜ好ましいのか。それには有力な理由がある。原則として保険料で運営されており、負担と受給の関係がはっきりしているからである。

生活保護は、税を財源として貧困で苦しむ人に支給するもので、税の拠出者はどうしても誰が生活保護を受けているのかに注目する。不正受給があれば納税者が怒るのは自然である。働く気のない人、あるいは反社会的な人や軽い病気の人が受給しているのがわかれば、生活保護制度への不信感が生まれる。

社会的対立を生むような政策は好ましくなく、むしろ年金や医療、介護、雇用保険といった制度の充実を図れば、生活保護制度の出番はなくなる。ただし、そのためには国民一人ひとりの保険料アップを覚悟せねばならないであろう。

支給額総額の削減に注力を

現今の政治の世界を見ると、社会保障制度の改革が一気に進むとはとても思えない。しかもたとえ改革が成功しても年金制度は中・長期で効果が出るにすぎない。だが、生活保護の医療扶助をめぐっては、医療保険や雇用保険との調整はそれほど難しくないはずで、効果もはっきりしている。ほかにも生活保護支給額の削減策はあるのだろうか。これに関して考えてみよう。

第一は、働く世代に関しては、最低賃金額のアップと「同一価値労働・同一賃金」を原則とすることである。働かない人への生活保護支給額より最低賃金で働く人の月収が低くなるという不合理は是正されなければならない。同一価値労働・同一賃金によって、パートなどの非正規で働く人の賃金を上げ、ワーキングプアが解消するようにしたい。さらに、たとえば給付つき税額控除策を導入して、働くことを義務化しながら貧困を削減できる方法もある。

第二は、日本の生活保護制度は現金給付に偏っているが、米国のように食料品の購入にしか使えないフードスタンプを導入すれば、支給の効率化を図れる。

第三に、これは論争を呼ぶだろうが、3親等までとなっている法律上の扶養義務を、親子と夫婦だけに限定してもいいのではないか。家族の絆が弱まっている時代なので、3親等という広い範囲の家族に支援を期待するのは困難であり、むしろ親子と夫婦であれば義務感も強いと思われる。この1親等だけに扶養を期待して家族支援を求める政策を徹底することが、生活保護支給をスムーズに行うことになるのではないか。

もし国民が親子間と夫婦間の扶養をも拒否するのであれば、これは家族崩壊ともいえるもので、前述した年金、医療、介護、失業といった社会保障制度の徹底的な充実策しか残されていない。

最後に貧困の研究が日本で遅れていることを指摘しておこう。政府、学界が中心となって研究を進めて、実態解明と貧困撲滅への政策を練る必要がある。

2　福祉国家への道——消費税を考える①

2012年の国会において、自民党、公明党、それと小沢一郎グループを除いた民主党の多数派によって、消費税率を14年の4月に8％にまで、15年の10月には10％にまで、2段階で上げる法律が可決された。ただし安倍内閣は第2段階目の引き上げ策を17年の4月まで先送りしている。

筆者は消費税率を上げる案を基本的に支持する。理由をいくつか述べておこう。その理由に対する反対論も根強いので、それに対するコメントも同時に書いておく。

第一は、日本の財政赤字額は欧米諸国の財政赤字額よりも深刻な状態にある点だ。国内総生産（GDP）に対して累積赤字の額は2倍前後に達しており、許容範囲を超えているから、税収の増加によって削減せねばならない。当然のことながら、財政支出を削減する策も役立つ政策であるが、これについては後に言及する。

危険な財政赤字楽観論

巨額の財政赤字がなぜ好ましくないかといえば、経済破綻に陥ったギリシャ、そして破綻に陥りそうで欧州連合（EU）諸国から支援を受けねばならないようになったスペインなどの例で明らかである。巨額の財政赤字で国債の利回りは上昇し、その他の金利も上昇する「高金利経済」となる。これは金融機関のみならず実体経済にも悪影響をもたらし、マクロ経済を破綻させる。

ヨーロッパにあっては各国の国債を外国人や外国の銀行が保有している。信用不安が起こり、国債価格の暴落が懸念されると、外国人なのでその国債を容易に売却する。一方、日本国債の大半は、日本国民や日本の金融機関が保有している。そのため、ヨーロッパのように安易に国債を売却しないだろうという暗黙の理解が不思議なことに日本国内にはある。ギリシャやスペインのようにマクロ経済が破綻することもないだろうと勝手に思っている節がある。

この不思議な「理解」を信用するのは間違いだ。人間誰しも自分の保有資産が損するかもしれないと予想すれば売却行動に出るだろう。これがごく自然な経済行動なのであり、妙な愛国心に期待して売却しないだろうと予想するのは、経済合理的な人間心理を無視した楽観論に過ぎない。

日本の財政赤字額がさらに増え、増税をしないなら、当然高金利とマクロ経済の破綻が待ち受ける。ギリシャやスペインの二の舞いになりかねない。財政赤字額に比べて、日本国債が意外とそう低くない格付けにある理由は、日本は消費税増税の余地があるとみなされていることもある。

もう一つは日本とヨーロッパ諸国との違いに注目せねばならない。ギリシャ、スペインの場合、経済破綻に陥ってもEUという経済共同体が堅固に存在していて、それらの国が進んで諸々の経済支援を行っている。確かにドイツやフランスの政府・国民は、ギリシャなどに過酷な要求を突き付けているが、最後はEUが崩壊することを避けるために、その国の税収を使用して支援策を実行している。

ところが日本がもしギリシャのようになったとき、進んで日本経済を支援してくれそうな国は見当たらない。候補はアメリカだが、貿易、為替問題などの多くの点で対立の中にいるため期待できない。東アジア共同体などは夢のまた夢に過ぎない。日本が経済破綻したときは自国だけで経済再建を成し遂げねばならず、これは大変なことである。マクロ経済の破綻を避けるためにも財政赤字の削減は急務の課題である。

消費税増税に込める期待

第二の理由は、国民の最大の不安となっている今後の社会保障制度の行方にある。少子高齢化の下で、年金、医療、介護など、それぞれの制度の大幅赤字が予想される。これまで何度も採用され続けてきた政策であるが、保険料のアップと給付額の削減は避けられない。ところでこの政策が半永久的に続くと国民の不安はますます高まるのであり、それを断ち切るには消費税率アップによる財源確保に頼るしかない。

消費税なら高齢者をも含んだ国民全員による広くて浅い負担となるので、保険料による財源確保策よりも公平である。保険料に頼ると、主としてその負担者は現役の労働者と企業なので、勤労意欲や設備投資意欲にマイナス効果がある。このことは実体経済への悪影響があって経済成長にとってもマイナスである。消費税という間接税がもつ資産配分への中立性を尊重して、経済への悪影響をできるだけ小さくすべきである。

これに関しては、消費税率アップに反対する人は、どういう方法を用いて赤字削減を図るかを主張する必要がある。共産党や社民党は防衛費の削減や大企業の法人税率アップを主張している。この政策が妥当かどうかは政治の問題もからんでいる。

第三の理由は、実は消費税率アップによって、「日本が福祉国家に向かう道への先導となってほしい」という期待があるからだ。

日本が福祉国家に向かうべきか、そうでないかは国民の選択による。筆者は福祉国家論者である。これまでの日本は家族と企業が福祉の提供者だったので、政府が出てくる必要はなかった。実際、社会保障支出の対GDP比率をみると、日本はアメリカとともに10%台の低率である。これに対して、スウェーデンは30%弱、ドイツは20%台後半に達している（**表1**）。つまり福祉国家である。

日本では「無縁社会」「格差社会」が叫ばれているし、家族の絆が弱まっている。所得分配の不平等性も高まっている。この表からはアメリカと日本の所得格差が大きいことが、ジニ係数の値の高さによって示されている（不平等であれば1に近づく）。両国は貧困率の高さも目立っている。格差・貧困の是正が両国に必要であると言えよう。

表1　各国の社会保障支出比と経済成長率

	社会保障（社会的支出のGDP比）	経済成長率（2000～06年平均）	格差（ジニ係数）	貧困率（相対貧困率）	財政収支（2000～06年平均）
アメリカ	15.9%	3.0%	0.381	17.1%	−2.8%
ドイツ	26.7%	1.2%	0.298	9.8%	−2.7%
スウェーデン	29.4%	2.6%	0.234	5.3%	1.4%
日　本	18.6%	1.4%	0.321	15.3%	−6.7%

注：社会的支出のGDP比はOECD（2009）「OECD Factbook 2009」の2005年データ。経済成長率、財政支出はOECD（2010）「OECD Economic Outlook, Volume 2009 Issue 2」。ジニ係数、相対的貧困率はOECD（2009）「Society at a Glance 2009」の2000年中頃のデータ

出所：神野直彦「格差社会を越えるヴィジョン」（宇沢弘文・橘木俊詔・内山勝久編『格差社会を越えて』2012年、東大出版会）

アメリカは移民とその子孫で成る国なので、「頼れるのは自分だけ」という歴史的伝統がある。日本人がアメリカ人のように自立意識が強くなれるとは思えないので、ヨーロッパのように政府が充実した社会保障策を提供する福祉国家に向かう道しかないと判断している。

増税反対派に問う

数年前の日本国民は、ヨーロッパ型の福祉国家を目指すべきと考える人が多数派であった。また、その財源の調達手段として、消費税率の上昇を容認する意向を示していた。しかし、ここに至って現実に消費税率が10％に上げられそうになると、反対の声が強くなるという矛盾に満ちた反応である。

誰でも増税を嫌がるのはわかるが、ヨーロッパの消費税率はもう20％前後に達しているのであり、福祉国家に賛成するならば、税率アップにも賛成するのが筋である。「消費税率のアップはいつか必要である」との声は大きいが、

今の時期における増税に対して否定的な意見が強いのにはいくつかの理由がある。

代表的なのが消費税率を上げると景気の上昇に水を差すという意見だろう。だが、日本経済はこ20年、不況と低成長経済にあり、好景気・高成長を望むのは無理である。このロジックに従えば、半永久的に消費税率アップは不可能となる。それならば、社会保障制度改革も同時に行うことで国民に安心感を付与し、家計消費の増大に期待するのがむしろ現実的な方策と思える。

消費税増税による収入増を図る前に、財政支出の削減を実施すべきである、との声も大きい。政治家の数を減らしたり、公務員給与の削減、あるいは公共投資の削減などの要求である。政治家の数を減らしたとしても支出額の削減はほんの少額なのだが、自らの模範を示すという象徴的な意義はある。

財政支出への私のスタンスは、すでに述べたように社会保障制度の充実に期待するものであるが、世間、マスコミ、そして一部の政党はこれを「バラマキ政策」として批判する声が強い。社会保障支出にムダがあってはならないことは確実であるが、国民の福祉向上に役立つ支出であれば、バラマキではないと判断する。付言すれば、消費税率アップによる増収額は、その全部を社会保障支出にまわす、という態度が必要である。

もう一つ重要な支出項目は教育費である。日本は経済協力開発機構（ＯＥＣＤ）諸国の中で公共教育支出が対ＧＤＰ比率で最小という「教育貧困国」である。教育は公共性が高いし、国民の教育水準と労働者としての資質を高めることは経済の活性化に寄与するところが大きいので、教育費支出を増額せねばならない時代となっている。

福祉支出は成長率と無相関

「バラマキ支出」として批判される福祉支出は、経済成長率を低めることにつながるという論拠による批判がよく指摘される。もう一度、表を見てみよう。福祉（社会保障）支出と経済成長率の関係に注目すると、アメリカと日本のＧＤＰに対する社会保障支出比は低いが、アメリカの成長率は高く、逆に日本は低い。一方、社会保障支出比が高いドイツとスウェーデンの成長率をみると、スウェーデンに比べてドイツが低いことがわかる。これら４カ国の例から、社会保障支出比の高低と、経済成長率の高低にはほとんど相関関係がない、と言えるのである。

これを別の言葉で述べれば、社会保障支出比の高さが経済成長率を必ず低くするとは結論づけられず、むしろ低成長を説明するには他の要因がからんでいるとみなす方が自然であるということだ。日本にあっては社会保障支出比が低いのであるから、経済成長率が低い理由を、社会保障のせいにするのは間違っている可能性が高く、他の要因が不況・低成長率の原因になっていると判断される。

従って、日本を高い社会保障支出比の国、すなわち福祉国家の方向に進ませる余地は残されている。社会保障支出費を増大しても、すでに述べたように社会保障支出と経済成長率は無相関なので、心配する必要はない。もし心配するのなら、高福祉と高成長を両立させているスウェーデンなどの好例が参考となる。もとより繰り返すが、福祉国家になるべきかそうでないかは国民の判断に任せたい。家族の絆が弱まっているおり、企業も福祉に関与する余裕のない日本であれば、そのような方向しかないと思われるが、国民の意向を問いたい。

日本はもう成熟国家なので、あえて高成長経済を目指す必要がない、というのが私見であるが、この主張に対する賛成は多くないようだ。もし、国民の多数派が高成長を目指し、かつ高福祉をも確保したいというのなら、北欧諸国の政策を日本に導入したい。例えば、国民の教育・技能水準を高めて生産性を上げたり、勤労意欲を高める政策を導入し、効率性の低い企業の退出と効率性の高い企業の参入を図るのである。

最後に消費税に関してコメントを二つ付記しておこう。第一に、消費税は小企業の経営を苦しくするという声があるが、消費税による価格転嫁がうまく進むように、制度上での保証という手立てが必要である。第二に、高額所得者ほど税負担率が軽くなるという消費税の逆進性対策として、軽減税率なのか、一部消費税負担額を現金で給付する給付付き税額控除を導入するのか、両者を慎重に検討する必要がある。また、納税者番号制（現今のマイナンバー制度）やインボイス方式の導入が、これらの政策の実行には欠かせない。

3　日本はデンマーク型の「福祉国家」をめざせ――消費税を考える②

消費税増税はなぜ必要か

民主党・自民党・公明党の間で、「税と社会保障の一体改革」に関する三党合意が結ばれてから約3年が過ぎた。まず2014年の4月から消費税を8%に引き上げ、2015年の10月から10%へ段階的に引き上げていくこととなった。しかし10%への増税は景気に配慮して、17年の4月にまで先送りになっている。

私は10年以上前から消費税増税の必要性を訴えてきた。その理由としては、まず1000兆円にも達する巨額の国債発行残高、つまり日本の財政赤字の問題がある。

先にも述べたように、日本の財政赤字は非常に深刻で、国内総生産（GDP）に対して累積赤字の額は2倍前後にまで膨らんでいる。欧米諸国の財政赤字額と比較しても危機的な状況といってよい。当然、税収の増加によって赤字を削減せねばならない。

巨額の財政赤字は国債の利回りの上昇につながり、その他の金利も上昇し、実体経済にも悪影響をもたらす。さらに「日本国債の大半は国内で保有しているので大丈夫」とよくいわれるが、自らの財産が損するかもしれないとなれば誰もが売却行為に出るだろう。経済合理性から考えてもこのような楽観論には根拠がない。マクロ経済の破綻を避けるためにも、財政赤字削減は急務なのだ。

そしてもう一つの理由として――これが本章のメインテーマとなるが――、日本の社会保障制度をさらに充実させる必要があるということだ。急速に進展する少子高齢化の下、日本の社会保障制度はまだまだ不十分であり、国民の福祉を支えるためには、消費税増税もやむを得ないと考えたからである。最近になってようやく「無縁社会」や「格差社会」の克服のために、消費税増税もやむなしという国民世論も高まってきた。

どのような福祉制度を選択するかは国民世論に委ねられるべきものである。大まかに、世界の福祉制度は三つのグループにわけられる。スウェーデンやデンマークなどの「高福祉・高負担」、ドイツやフランスなどの「中福祉・中負担」、そしてアメリカや日本などの「低福祉・低負担」の三つである。

国民の福祉という重要なテーマについては、さまざまな議論がなされるべきだ。しかし、一部政治勢力の根拠なき「増税反対」の声によって、社会保障の本質を見ない議論に振り回されることは残念である。消費税増税は単なる税率だけの問題ではない。国の進むべき方向性をいかに定めるかという国家的テーマである。日本は増税によっていかなる社会保障制度を実現すべきなのだろうか。

まず、社会保障財源を消費税でまかなうべき理由について述べておきたい。

社会保障制度を消費税でまかなうメリットは大きく二つある。一点目は徴収システムの安定性である。たとえば、国民年金などの社会保険料方式で費用を徴収しようとすると、未納の問題が出てくる。現在、国民年金の未納率は約30～40％にまで達しており、社会保険料方式での年金財政運営は不安定な側面がある。消費税も徴収率は１００％とはいえないが、「国税（および地方税）」としての強制力があり、未納率ははるかに低い。また消費税は間接税ということから、法人税や所得税という直接税と異なり景気変動の波を受けにくい点もメリットとなる。

二点目は公平性が担保される点である。法人税や所得税などの直接税で社会保障財源を捻出すると、企業や国民に負担感が強い。「稼げば稼ぐほど税金をとられるなら、まじめに働くのがバカらしい」という心理的な悪影響を及ぼしてしまう。いっぽう、間接税である消費税ならば、全国民が広く薄く負担するために、法人税や所得税などと比べて税率を低く抑えることもできる。企業の投資意欲や国民の勤労意欲を減退させることがないので、経済活動に中立であり、直接税や社会保険料のように経済活性化への阻害要因になることがなく、社会保障財源に相応しいといえる。また、消費税は高齢者を含めた国民全世代が負担するために、若者の「なぜ自分たちが高齢者のために社会保障財源を負担しなければならないのか」といった不満を和らげ、無用な世代間対立を避けることにもつながる。

逆進性対策には軽減税率が有効

もちろん、消費税にもデメリットは存在する。代表的なものは低所得者ほど税負担が大きくなる「逆進性」の問題であろう。収入の多寡に関係なく同じ税額を徴収されてしまう消費税は、低所得者の生活を相対的に圧迫する。

解決策は二つある。生活必需品の税率を軽減するなど品目ごとに消費税率を変動させる「軽減税率」と、低所得者に対し税控除額の差額を現金で給付する「給付付き税額控除」である。

どちらを導入するかは国民生活の実情に即した慎重な議論が必要となるが、個人的には「軽減税率」の方が有効だと考えている。それは導入税の違いと運用コストの問題があるからだ。もともと給付付き税額控除は、所得の低い人が生活できるように、国が現金を給付するという仕組みである。つまり本来、所得税に関する政策であり、消費税とは無関係な話なのである。また給付付き税額控除を導入するためには、国民一人ひとりの所得を正確に把握する必要がある。納税者番号制度（現今のマイナンバー制度）の導入、そして中小企業からの抵抗感が強いインボイス方式の導入など、現状では乗り越えるべきハードルが多すぎる。よって私は消費税に関しては、「軽減税率」の導入によって、教育・医療・食料品などの品目において税率を軽減していくほうが、より現実的な選択ではないかと考えている。両者は低所得者対策という目的が共通なので、対象の税や手段が異なるだけに、異なる時期に双方ともに導入という案もありうる。

日本がめざすべき「福祉国家」の姿とは

日本は今まで企業と家庭そして地域社会が福祉の担い手だった。年金・医療・介護など、国の社会保障制度が充実していなくても、企業の福利厚生制度が整備され、家族や地域社会全体で福祉を支えていたために、どうにか暮らすことができていた。しかし、少子高齢化社会の進展によって核家族化が進み、家族や地域社会での絆も弱まり、企業にも雇用や福利厚生の余裕がなくなってくると、個人の福祉を支える新たな担い手が必要となってくる。私は国が福祉を担うしかないと考えている。

もはや日本がかつてのような高度経済成長期の再来を望むことは不可能だろう。バブル経済崩壊後の、約二〇年もの長きにわたって、政府がさまざまな景気浮揚策を打ち出してきたにもかかわらず、効果をあげることができなかった。理由は二つあり、一点目は少子高齢化が進んで労働力が減少するということ。働き手が減るということは経済成長に大きなマイナスをもたらす。二点目には購買意欲の強い若者と中年の世代が減少してくると、当然商品需要も減ってしまう。一般論として、高齢者世代は過剰に物を欲しがらない。よって企業は需要不足に直面して収益をあげられず、不況がいつまでも長引いてしまうのである。

現代のような国民の不安感の強い時代にあっては、経済産業に対する直接的な景気刺激策よりも、社会保障制度に対する不安を緩和し、国民に安心感を与えて消費を喚起するほうが政策効果は大きいように思う。さらに、少子高齢化対策としては、若い低所得者世代や働く子育て世代を支えていかねばならない。そのためにはやはり社会保障制度を拡充する必要があり、財源となる消費税の増税は避けて通れないのである。

消費税増税を通して、国民が重大な選択を迫られている。アメリカ流の「自己負担・自己責任」で国・企業・家族に頼らず自分のことは自分でやるという社会と、ヨーロッパのように国家が福祉の担い手になるという社会のどちらを選ぶかである。私の個人的意見として、アメリカは移民国家という性質から「頼れるのは自分だけ」という歴史的伝統がある。だがこれまで家族・企業・地域という共同体社会で生きてきた日本人がアメリカ人のように自立意識が高くなるとは思えないので、政府が社会保障策を提供する福祉国家に向かうのが自然だと考えている。

日本はデンマークを手本とせよ

それでは日本はどの国の社会保障制度を手本とすべきか。私は北欧諸国、なかでもデンマークを我が国がめざす手本とすべきだと考える。

デンマークはドイツと並ぶ近代社会保障制度の源流となった国である。デンマークの大きな特徴は、社会保障財源のほとんどを消費税でまかなっており、他の国々のように、社会保険料を納めることのできない低所得者を福祉の世界から排除しない仕組みになっている。支払った保険料に応じて給付が変動する「比例拠出・比例給付」ではなく、定額給付であるということは、現役時代の収入によって老後の生活が左右されず、安定した余生を過ごせる安心感につながる。

もちろん、今すぐ日本がデンマーク型の社会保障制度に切り替えるのは不可能だろう。消費税を20％以上に引きあげる必要があり、国民世論の共感が得られない。また技術的にも困難である。さしあたっては「中福祉・中負担」への道であろう。中長期的な国家戦略として、デンマーク型の社会保障制度を段階的にめざしていくことには、企業と家族が個人を支えられなくなった現在の日本にとって非常に大きな意義があると考える。

ところで、福祉や社会保障の問題を論ずると、いつも年金や医療や介護など高齢者問題のみがクローズアップされがちであるが、本来、福祉は現役世代のためにある。北欧諸国の社会保障支出の内訳を見れば一目瞭然である。「教育」と「若者支援」と「子育て」に莫大な予算が投入されている。子育て支援を充実させれば女性が働くようになる。女性が働けば経済成長率は高まり、国家の税収は増えていく。また教育支援や若者支援によって労働者の資質を高めていけば、生産性が向上し、国際競争力も強化されていく。北欧諸国は、医療や年金や介護にばかり予算を投入しているわけではないことを、多くの国民に気づいてほしい。

私は消費税増税が、社会保障制度を充実し、「福祉は高齢者のもの」といった国民の意識を、大きく変えていく絶好の機会だと考えている。

安心の社会保障改革を成し遂げるために、「政治の信頼」が果たす役割は大きい。第二次世界大戦後のスウェーデンやデンマークでは、ながらく社会民主党が政権を担当してきた。ときには、自由競争を標榜する政党が政権を担当したこともあったが、保守政権にあっても「福祉国家」の路線が大きく変更されることはなかった。スウェーデンでは社会保障の問題で与野党の見解が大きく異なるとき、超党派の委員会を組織して、合意が得られたもののみを法制化する議会の慣習が確立されている。まさに政党政治の良識といってよい。

おなじ北欧のデンマークでも、所得税率50％、消費税率25％ということがいわれている。デンマークは「重税国家」ではあるが、国民の55％が現状を容認している。高い税金に対しての見返りとして手厚い社会保障が受けられる現状があり、国民は政府を信頼し満足しているからこそ負担を受け入れている。

日本が福祉国家をめざすかどうかは、国民の選択にかかっている。だからこそ、政党は国民に改革案を提出して、選択に委ねるべきであるが、政治の信頼を回復することがまずは肝心である。

4　軽減税率の検討を急げ——消費税を考える③

変質する三党合意と社会保障制度改革

2014年4月、消費税が5%から8%へ増税された。この増税は、野田佳彦政権時代に民主党・自民党・公明党の三党合意（2012年6月）によって決められたものだ。

三党合意では、増税によって新たに得た財源のすべてを社会保障に充てることが決められた。消費増税と社会保障制度改革を同時にやるのであれば、大変けっこうなことだ。そのような思いから、私は三党合意を高く評価した。

その後、衆議院議員総選挙（12年12月）で民主党が惨敗し、自民党が圧勝して政権交代が起きた。自民党と公明党が野党時代に決めた三党合意が、いったいどのように現実化するのか私は注視してきた。

私が見るところ、どうやら安倍晋三総理は社会保障にあまり関心がないようだ。総理になってから初めての所信表明演説（13年1月28日）では、「社会保障」という単語は以下の場面でしか使われなかった。

「政府がどれだけ所得の分配を繰り返しても、持続的な経済成長を通じて富を生み出すことができなければ、経済全体のパイは縮んでいってしまいます。そうなれば（略）私たちの安心を支える社会保障の基盤も揺らぎかねません」

翌月の施政方針演説（13年2月28日）でも、社会保障についての言及は以下のようにごくわずかだ。

「持続可能な社会保障制度を創らねばなりません。少子高齢化が進む中、安定財源を確保し、受益と負担の均衡がとれた制度を構築します。自助・自立を第一に、共助と公助を組み合わせ、弱い立場の人には、しっかりと援助の手を差し伸べます」

1月の所信表明演説では、デフレと円高からの脱却、そして経済再生が安倍総理の主な主張だった。そして2月の施政方針演説では「憲法審査会の議論を促進し、憲法改正に向けた国民的な議論を深めようではありませんか」と訴えている。その後は2015年になってから、安倍首相の最大の関心は安保法制であった。政権が代わってから、社会保障への手当てがおろそかになりつつあるのではないか、と私はおそれを抱いた。

安倍総理が最終的に8％への消費増税を決断したのは、13年10月のことだ。政権交代して以来、政府の経済政策「アベノミクス」の滑り出しは好調であり、日経平均株価は上昇を続けた。円安が進み、輸出企業は大きく潤った。経済状態はそこそこ好調なのだから、増税してもかまわないと判断したのだろう。

前述のとおり、三党合意では消費増税の増収分の全額を社会保障に使うことが決められた。ところが、財務省はあからさまに財源を財政赤字の補塡に使いたがっている。自民党の一部の議員は、景気回復のための公共事業に財源を使いたがる。社会保障のために財源を使おうという意見は、残念ながら少数派である。

政権交代直前（12年11月）に設置された社会保障制度改革国民会議は、13年8月で廃止された。国民会議では、小手先の議論ばかりが目立った。残念なことに、国民が安心できる社会保障の抜本的改革にまで議論は及んでいない。

アベノミクスは「三本の矢」と呼ばれる三段階の経済政策だ。「第一の矢」は「デフレマインドを一掃する大胆な金融政策」である。「第二の矢」は、公共投資を進める「機動的な財政政策」だ。そして「第三の矢」は、「民間投資を喚起する成長戦略」である。すでに第一と第二の矢は放たれた。これから第三の矢をどうするのか関心の的であるが、これまで提出された第三の矢、すなわち成長戦略はこれまでの内閣で出されたものと大差なく、疑問符がつく。

第二の矢として、安倍政権は当初の想定以上の公共事業を行った。「財政赤字が拡大しすぎないように、消費増税によって得た財源は公共事業に回すべきだ」という声が大きくなりつつある。「社会保障と税の一体改革」を謳ったのは、自民党ではなく与党時代の民主党だ。「選挙に勝って政権を奪還したのだから、前政権時代の政策を丸ごと踏襲する必要はない」と総理は考えているのだろう。

先ほど引用した施政方針演説で、安倍総理は「自助・自立を第一に、共助と公助を組み合わせ」と語っている。少子高齢化が進む中で社会保障への支出が大きくなりすぎると、経済全体を圧迫する。本音のところでは、安倍総理は社会保障への支出をできるだけ削減したいのだろう。

財政赤字も社会保障も、ともに国民生活の根幹に関わる重大事項だ。「自助・自立」に重きを置きすぎて社会保障制度改革をおろそかにせず、福祉と増税はセットで進めるべきだと私は訴えたい。

軽減税率に及び腰な安倍総理と財務省

消費税には「逆進性」がある、日常雑貨や生活必需品、食品などに課せられる消費税率が上がると、高所得者よりも低所得者のほうが負担が大きくなるのだ。消費税を上げるのならば、低所得者の負担を小さくするために軽減税率を導入するべきである。

13年12月12日に決まった与党税制改正大綱では、軽減税率について「消費税10％時に導入」と明記された。ただし、対象品目など詳細については何も決まっていない。自民党が軽減税率に積極的でないことは明らかだ。

財務省も、軽減税率導入に乗り気ではない。税収が減ってしまうからだ。また、中小企業からは「軽減税率を導入すると事務手続きが煩雑になり、企業にとっての負担が大きすぎる」という反対意見もある。

現在、日本では、請求書などを発行するときに適用税率や税額を品目別に細かく記載する必要がない。単に税込価格だけを記し、品目ごとの税率や税額を曖昧にしておいても許される。これに対して欧州各国では、消費税の透明性を担保するために「インボイス方式」が導入されている。「インボイス方式」では、税率や税額を品目ごとに明らかにしなければならない。課税事業者は登録番号によって管理され、どの業者がどれだけの負担をしているのかが明らかにされる。こうした方式を採用しながら、税負担の不公平を政府が是正していくのだ。

消費増税をするのならば、日本でも「インボイス方式」を導入したほうが良いと私は思う。だが、軽減税率について詳細が何も決まっていないだけに、残念ながら政府が「インボイス方式」の導入検討を始める様子はほとんどない。

ここであえて大胆な仮説を申し上げよう。安倍総理が消費税率を2017年4月まで上げないことを決めたが、2014年4月に消費税を8パーセントに上げた結果、日本経済が一気に冷えこんだと解釈した節がある。「私はデフレ脱却と経済再生を第一の目標としてきた。消費税を8%に上げただけで、とたんに景気が悪くなってしまった。10%に上げればもっと景気が悪くなるに決まっている」と安倍総理は判断したのである。賃金率の上昇のなかったことが最大の理由なのであるが、消費税率のアップが一つの要因であったことは否定しない。

現時点での与党税制改正大綱では、軽減税率について「消費税10%時に導入」と明記された。消費税が8％にとどまり10％まで上がらなければ、国民生活にとって重要な軽減税率について検討する必要すらなくなってしまう。

12年8月に成立した消費増税関連法には、「景気条項」と呼ばれる付帯事項がある。この付帯事項に、次のような記述がある点に注目したい。

「消費税率の引上げに当たっては、経済状況を好転させることを条件として実施する」（附則第一八条）

「経済状況等を総合的に勘案した上で、その施行の停止を含め所要の措置を講ずる」（同）

経済状況が芳しくないと総理が判断すれば、三党合意で決められた10％への消費増税を反故にしても法律上はかまわない。安倍首相はこの付帯事項を重視したのである。

「福祉の政党」公明党の使命

現在の日本は、アメリカと同じく世界を代表する低福祉・低負担国家である。地縁と血縁が強かったかつての日本では、みんなで支え合う家族の絆があった。おじいちゃんとおばあちゃん、子どもから孫まで三世帯が一緒に暮らし、年老いた親を子どもがサポートする暮らしは当たり前だったわけだ。そういう社会では、政府が福祉に力を入れなくとも皆が自助努力でやってこられた。

今や日本では、家族の絆はどんどん崩壊しつつある。生涯未婚率（50歳の時点での未婚率）は、１９８０年の時点で男性が2・6％、女性が4・4％だった。２０１０年には、男性の生涯未婚率

表1　食料品に対する軽減税率の適用例

	標準税率	軽減税率
フランス	19.6%	5.5%
	キャビア	フォアグラ、トリュフ
	マーガリン	バター
イギリス	20%	0%
	温かいテイクアウト商品	スーパーの惣菜
ドイツ	19%	7%
	ハンバーガー（店内飲食用）	ハンバーガー（持ち帰り用）
カナダ	5%	0%
	ドーナツ（5個以下）	ドーナツ（6個以上）

欧州諸国では、消費税の「逆進性」解消のために様々な形で軽減税率が導入されている（図は財務省資料を参照）

は20・1%、女性は10・6%にまで高まっている（総務省統計局「国勢調査」による）。

1960年の離婚件数は6万9410件だったが、2011年には23万5000件に達した。3・38倍の増加だ（厚生労働省「人口動態統計」による）。結婚して家族をつくらない人が増えると同時に、一度家族をつくったとしても離婚してしまう人が増えているのである。たとえ離婚にまで至らなくとも、家族の間での絆が弱まったことは、衆目の一致するところが現代の日本である。

「自分の面倒は自分で見る。家族にも政府にも頼らない。頼れるのは自分だけだ」というアメリカ流の考え方を貫くのであれば、日本はこれからも低福祉・低負担国家として進んでいけばいい。

私は日本が低福祉・低負担を続けることには反対だ。なぜならば、これまでは家族や企業に頼ってきた日本人が、いきなりアメリカ人のように強い自立心を持った国民になれるとは思わないからである。日本はヨーロッパ諸国のように、高福祉・高負担ないし中福祉・中負担国家へと移行していくべきではないだろうか。政治と公共部門が年金・医療・介護の制度をしっかり整備し、税金と社会保険料を社会的弱者に手厚く還元していくべきである。

もちろん、いきなり高福祉・高負担型のモデルへ社会保障制度を切り替えることには無理がある。北欧なみの高福祉を目指すためには、消費税率を20％にまで引き上げなければならない。さしあたっては、ドイツやイギリス、フランスなみの中福祉・中負担型国家を目指せばいいのではないだろうか。

なお、消費税率が20％を超えるヨーロッパ諸国では、軽減税率がきちんと導入されている。ハンバーガーをお店で食べる場合と、テイクアウトして自宅で食べる場合とでは税率が異なるなど、国によって実に細かい工夫がある。

政府はヨーロッパに調査団を派遣し、日本人にとって一番適切な軽減税率の導入方法を検討するべきだ。もちろん、業界団体などの利権がからまぬよう、中立的な専門家を選んで調査団を組むべきことは言うまでもない。

将来に大きな不安がある世の中に生きていると、人はどうしても防御の態勢を取って消費を控えてしまう。政府が「これから日本は年金・介護・福祉をヨーロッパ型に近づけて充実させていく」と高らかに宣言して、それを実行する姿勢を示せば、国民は強い安心感を得られる。そうなれば、貯蓄分が家計消費に回って日本経済が活性化する。

2012年、日本の合計特殊出生率（1人の女性が生涯に生む子どもの数）は1・41だった。少子化を食い止めるためにも、女性が元気に働ける社会を構築していく責務が政府にはある。待機児童の解消をはじめとして、子育て支援は「やりすぎではないか」と言われるくらいでちょうどいい。

私は『夫婦格差社会』（迫田さやかとの共著、中公新書、2013年）という著書で「年収300万円の壁」について指摘した。年収300万円未満の20〜30代男性は、既婚率が8〜9％でしかない。年収300万円以上400万円未満になると、既婚者は約25％まで急上昇する（内閣府「結婚・家族形成に関する調査」二〇一一年）。

若者の失業率を下げ、非正規労働者の賃金を上げる政策を実行すれば、若者の所得も上昇して日本社会全体の結婚率が上がり、少子化の問題にも対応できるようになる。政府は若者と女性が安心できる社会保障制度、雇用制度、賃金制度を作るべきだ。

消費税増税にともなう社会保障制度改革が足踏み状態を続け、軽減税率導入すら危うい今、「福祉の政党」公明党が果たすべき使命は大きい。公明党設立の歴史的な経緯を調べると、庶民階級の支持者が多くて、福祉を重視する政党であったことは確実である。ところが自民党との連立政権の一翼を担うようになってから、福祉への情熱を少し失ってしまった感があるのは私だけの印象だろうか。

消費税が増税される中、社会的弱者や低所得者への対策が放置されてしまうようではいけない。

軽減税率の導入を公約に掲げる公明党が、連立与党のパートナーとして、今こそ力を発揮するべきときだ。

5　基礎年金を全額消費税で賄え――消費税を考える④

ある一定の公的年金給付額が、確実にすべての高齢者に支給されるのであれば、高齢者の貧困は一挙になくなる、という事実の下に、以下の案を主張する。

主張の根幹は基礎年金額（月額17万円）を累進消費税の導入によって、100％の全額税方式で運営する、ということだ。つまり最低保障年金にあっては、すべての高齢夫婦の一階部分が月額17万円になる、そして単身高齢者の場合には月額9万円、という制度である。その制度案を具体的に箇条書きにしておこう。

①公的年金はすべての国民を対象にして、一階部分の基礎年金を一定額支給する。

②現存する二階建て部分は、積立方式による民営化に委任する。したがって、加入しない人がいてもよい。

③基礎年金給付のための財源は全額税収を充てる。
④そのための税として累進消費税を導入する。
⑤年金目的消費税を第一段階として導入し、時期をみて一般税収に移す。
⑥現在ある厚生年金の積立金120兆円は、ほぼ全額を給付額として保険加入者の積立金額に応じて還元する。

改革案ポイント①　基礎年金部門だけに限定

公的年金を基礎年金部門だけに限定し、一定額の年金額をすべての国民に給付することを政府の義務とする案は、この額が、国民一人一人が貧困に陥ることなく、最低限の生活水準を保証するということだ。なぜこのように一定額を給付するのかといえば、すべての国民が年老いても絶対に貧困にならないという安心感をもってもらうためである。年老いても不安なく生きていけると国民が確信を持てることのメリットは絶大だ。国民にとって最大の不安は将来の年金制度、あるいは社会保障制度にあるので、すべての人が安心して老後を送れるようにすることが、ここでの改革の最大の目的である。

では基礎年金の給付額（すなわち最低限の生活費）とはどのくらいの額であるのかを特定する必要がある。この額が明らかにされないと、すべての国民に安心感を与える年金制度であると宣言しても、実感を伴わない安心感に過ぎないこととなる。

引退した人々に関して、国民一人当たりの最低限の生活費を月額17万円（夫婦の場合）と9万円（単身の場合）と算定する。

夫婦で17万円という額は次の手順で計算した。世帯主の年齢が65歳以上の無職世帯（その多くは年金受給世帯とみなしてよい）では、可処分所得が月額17万２６４７円、消費支出は20万４１５１円である。この統計は平成15年版の総務省『家計調査』から算出される。この20万４１５１円は全家計の平均消費額なので、高齢者にとって最低限の消費額とみなすには無理がある。

そこで65歳以上の無職世帯の消費支出の内容に注目して、生活必需とみなすことが可能な食料、住居、光熱・水道、家具・家事用品、被服・履物、保健医療、交通・通信、が総額の消費のうち、いくらを占めているかを計算した。その数字は64％となっていることがわかった。この統計は平成16年版の内閣府『高齢者白書』から算出したものである。残り36％は教養娯楽費の11％、その他消費の25％となっている。教養娯楽費やその他消費全額を、必要な最低消費額とみなすのは無理なので、それらの約半額を必要な最低消費とみなして、64％との合計であるほぼ80％を最低生活費の必要比率とみなした。消費支出額の20万４１５１円のおよそ80％はおよそ17万円になるので、その額をすべての高齢者夫婦が最低限の生活を送るのに必要な所得とみなすことになる。

この17万円がすべての高齢者夫婦に支給されれば、贅沢ではないが、最低限生きていくことができることになる。現状では月額17万円以下の所得しかない高齢者が多いので、高齢者の貧困が目立つのである。もしすべての高齢者に月額17万円の所得保障があれば、貧困者の数はゼロになると想定できる。この17万円を基礎年金で確保するというのがここでの主張なのである。

改革案ポイント②　二階建て部分は積み立て方式による民営化

当然のことながら月額17万円では十分な生活を期待することは無理なので、満足しない人は多いだろうから、それよりも豊かな生活をしたい人はこの二階建て部分でそれ以上の年金額を得ることになる。

改革案ポイント③　基礎年金給付を全額税収で賄う

まず第一の論点は、基礎年金の財源を保険料方式で調達するか、それとも税方式で徴収するかの選択である。第二の論点は、税方式にするのであれば、どの種類の税、例えば所得税、消費税、法人税のうち何を中心に財源とするかの選択である。よく知られているように、現今の基礎年金給付の財源のうち、税収の比率を二分の一にすると決められ、なんとかそれの実行に向っている。税方式と保険料方式の折衷が現状である。

本章での主張は１００％を税収で賄う案なので、保険料方式からの撤退を意味する。まずなぜ保険料方式だとダメかといえば、次のような理由がある。これらは保険料方式のデメリットを指摘していることになるが、税方式になればそれはメリットとして理解してよい。

第一に、よく知られていることであるが、国民年金の保険料徴収は未納率が40％に達しており、もう保険料方式は実質的に崩壊している。

第二に、未納率が2割に達しているとも言われるように、実は厚生年金の空洞化も進行している。厚生年金制度は雇用者という国民の大半が加入する保険制度であり、その空洞化は制度にとって深刻である。

第三に、保険料方式は、自分が保険料をどれだけ支払ったかということが明確になるので、自分が年金給付をどれだけ受けるかという数字と比較すれば、払いすぎかそれとも受領しすぎかというような損得の計算を可能にする。現に世の経済学者は生まれた年代別に、年金制度における世代別損得計算をして、若い年代の人達が損をしている事実を提出して警鐘を鳴らしている。

損得論議に執着するのであれば、実は年金給付を61歳で終了（すなわち61歳で死亡）する人と100歳まで受ける人との間で比較すれば、大変な給付の格差である。世代間の損得論議以上の格差であるが、誰も問題にしない。なぜかといえば、年金制度の存在理由のうち重要なこととして、死亡時期が不確実であるという人間の特性に備えている、という考え方を多くの人が認識し、かつ支持しているからである。したがって、年金制度が死亡時期不確実性に備えた制度としてうまく機能している限り、私は世代間の損得論議は小さな問題であると判断している。しかし、世の中全体からすれば世代間の損得論議は大きな問題とされているので、保険料方式を続行することはこの問題から逃れられない。

これら三つの保険料方式の欠点を補うものとして、財源を税によって調達する方式が薦められる。

税の高い徴収能力に期待するのである。そして税方式は誰がどれだけの額を年金給付のために負担しているかの算出が不可能なので、世代間の損得論議の計算の余地を排除している。すなわち、年金は死亡時期が不確実であることに備えた制度である、と認識してもらうようにする。

第四のメリットとして、税方式への移行は社会保険庁という役所を、少なくとも保険料徴収事務から撤退させることになる。具体的には国税庁と社会保険庁の合併を促すことになり、年金の管理費用の節約を可能にする。これを年金給付額の増加に用いることによって、国民がベネフィットを受けることになる。なぜ社会保険庁と国税庁の統合がうまく進まなかったのかといえば、両官庁は単に仲が悪いという理由が大きかったのである。なお2010年に、社会保険庁における業務のルーズさが批判を受けて、日本年金機構という非公務員型の特殊法人となった。現時点からすると、この機構における徴収部門と国税庁との統合案、例えば歳入庁の設置ということになる。

第五のメリットとして、税方式がマクロ経済の視点からも保険料方式より優れたものであることを、経済学の見地から強調しておきたい。年金制度も経済制度の一つとして存在し、その規模の大きさからしてマクロ経済への影響力は予想外に大きい。国民や企業が保険料なり税を徴収されているので、労働供給、貯蓄、投資に影響があるし、年金給付は国民の消費に影響がある。これを理論モデルに基づいて実証した経済学の仕事として、橘木（2007・2010）を挙げておこう。

第六のメリットとして、企業活性化に役立つことがある。税方式への移行は、企業にとって社会保険料の事業主負担分の支払いが免除されることにつながる。これは企業の労働コストの負担を和らげることになるので、企業は自己資金に余裕が生じることとなる。そのためには、社会保険料の事業主負担分の「帰着」（すなわち実質的には誰が負担しているのかという問題）がどのようになっているか明確にする必要があるが、私は実質的に企業が負担しているという計算をしている。

改革案ポイント④　累進消費税の導入

消費税には、「徴税コストが安い」「徴収規模が大きい」「より広い負担の分かち合い」「税収の変動が景気変動に非感応的である」というメリットがあることを強調しておこう。

むしろ、ここでの強調点は〝累進〟消費税の提唱である。累進消費税とは商品の贅沢度によって税率に差をつけるもので、贅沢度の高い商品に高い税率を課し、食料品、医療、教育のような生活必需品には低い税率、あるいは非課税にする制度である。なぜ〝累進性〟をもたせるかと言えば、一般に消費税は高所得者に有利、低所得者に不利という逆進性があり、少なくとも逆進性を避けるべきとの社会的合意があるので、累進性をもたせるのである。

もし個々の商品ごとに異なる税率を課すことが困難なら、家計ごとに総消費額を算出して、高消費家計と低消費家計の間で消費税率に差を設ける案もありうる。これは一昔前に論議された支出税構想に近く、累進支出税と称してもよいものである。

改革案ポイント⑤　年金消費目的税

年金といった福祉の財源に消費税が使用されるのであれば、国民の支持が得られやすいだろうから、税収の全額を年金給付に用いる案、つまり、福祉目的税を支持する。しかし、租税の原則論からすると、目的税は理にかなわない税制である。わが国でも過去に、道路を建設するために道路目的税が導入されたが、これが無駄な道路建設を行うという弊害につながったし、資源配分上においてもゆがみを生じさせる。したがって、目的税ではなく、本来ならば一般財源として徴収された消費税の一部を、年金給付に充てる案がベストである。目的税は短期間のみの限定措置とし、制度が落ち着いた時に一般財源に戻ることが期待される。

改革案ポイント⑥　１２０兆円積立金の取崩し

ところで、ここでは基礎年金額は月額17万円なので、二階建部分の額はそれほど多額でなくとも、ほとんどの人がそこそこの生活が送れるのではないかと予想される。そこで、現在積立金として存在する約１２０兆円を、この二階建部分の支給額にしようとする案を提案する。

しかし、現在までに多額の積立金を積立ててきた引退者や引退間近の人々は、ここでの改革案である基礎年金給付額である17万円だけの支給にいきなりなるのであれば、かなりの額の損失を蒙るので、積立金約１２０兆円を取り崩して、それを補償するための還元の支払いを行う。最終的に積立金はゼロになってもよい。この還元策によって、既に引退した人や引退間近の人の損失額を全額補償できるわけではないが、かなりの割合の部分を補償できる。少子・高齢化時代なのですべての世代がなんらかの犠牲は避けられないという事情を酌量してもらい、既に引退した人や引退間近の人に納得してもらうしかない。もし納得してもらえないのなら、一階建部分と二階建部分の改革は、超長期にわたる徐々の改革にならざるをえない。

最後に、ここで提案した年金改革案に関することで、倫理的な側面から考えてみよう。

第一に、国が社会保障政策を実行する基準として、選別主義と普遍主義の違いがある。ここでの主張は普遍主義に立脚したものである。国民を性、職業、所得、その他の特性にしたがって区別せず、一人一人を平等に扱うのが普遍主義であるのに対して、選別主義はここで述べた特性に応じて給付額や徴収額に差を設ける主義である。それぞれ一長一短はあるが、少なくとも年金の基礎的部分については普遍主義がふさわしい。

基礎年金の上にある二階部分に関しては、個人のおかれた特性に応じて給付額や徴収額に差があってよいので、選別主義が妥当する。さらに二階部分に関しては必ずしも公的年金制度でなくてもよく、既に述べたように、民営化された積立方式の運営もありうる。

第二に、ベーシック・インカム論が一部の論者から主張されている。これは働かない人も含めた国民全員に一定額の所得を政府が支給する案である。本章で述べた基礎年金部分を引退者全員に一定額支給する案は、ベーシック・インカム論を部分的に支持するものであるが、国民全員を対象とせず、働かなくなった高齢者のみへの支給なので、部分的な案となる。

参考文献

橘木俊詔編『政府の大きさと社会保障制度』東京大学出版会、２００７年。
橘木俊詔『安心の社会保障改革』東洋経済新報社、２０１０年。

6　企業年金制度の歴史と今後

企業年金のことが改めて関心を呼ぶ時代となった。それはアメリカと日本の企業の双方から発生した事象によるものである。具体的には、アメリカの巨大自動車会社であるGMの経営破綻、日本の国策会社の流れを汲むJALの経営破綻によって、OB・OGの企業年金支給をストップするか、あるいは減額するかという問題の発生である。減額するにしても、どれだけの額を減額するか、というのも争点であった。最近であれば福島原発事故によって財政負担の大きくなる東京電力OB・OGの企業年金支給をどうするか、というのも避けられない問題となりそうである。さらに、AIJ投資顧問が顧客からの年金資産の運用に失敗していたにもかかわらず、それを放置していたというスキャンダルがわかり、企業年金制度への不信感が一気に高まった。

そもそも企業年金制度が発展してきた歴史的経緯をたどれば、公的年金制度の不安定現象が避けられないことと、たとえ公的年金制度が保持されたとしても公的年金給付額だけでは不十分と感じる人がいるので、引退後の所得保障額を高めに設定するために、企業年金によって補充をするという目的があった。

もともと企業年金制度が発展したのはイギリス、アメリカといったアングロ・アメリカン諸国であった。特にアメリカは公的年金制度が充実していないので、企業年金制度を充実する希望が労使ともに強かったのであり、現在では最も企業年金の発展した国であるといっても過言ではない。

アメリカという特異な国

アメリカという国は社会保障の歴史において特異な国であるし、現在でもユニークな特色を持っている。例えば、ごく一部の高齢者と貧困者を除いて公的な医療保険制度はないし、介護保険制度を創設するという声もなく、公的年金制度もそう発展していないなど、公的部門が福祉に関与する程度は小さい。ヨーロッパや日本とは大きく異なって、国民は福祉に関しては自分に頼る伝統がある。これは移民の国であり、そして彼らの子孫も自立意識が強いので、政府に福祉を依存する希望が低いのである。

例えば医療であれば、国民は民間の医療保険会社の提供する医療保険に加入して、病気のときの治療費を保険会社に払ってもらうのである。この医療保険の保険料は高額なので、高・中所得階級しか購入できない。貧困階級は購入できないので無保険者となり、診療が受けられずに早死にしてしまうことが多い。これはアメリカにおける健康格差として深刻な問題となっている。

アメリカでなぜ公的医療保険がつくられてこなかったかを歴史的に調べると、興味ある事実に気付く。アメリカ、日本を含めた社会福祉の思想と歴史については、例えば橘木俊詔著『安心の社会保障改革』（東洋経済新報社、２０１０年）を参照されたい。第一に、国家が保険制度を企画・運営することは社会主義への道だ、と信じる人が少なからずいた。現代では、アメリカ以外の自由主義・資本主義の国では公的医療保険は当たり前の制度であり、むしろアメリカが特異な国という印象を強くする。第二に、アメリカの医師会が強くて、公的医療保険が導入されると医師の所得が低くなるので、医師会が強烈に反対してきた。オバマ政権はなんとかアメリカにも全国民の加入できる医療保険制度を導入せんと努力しているが、極めて不完全な姿でしか導入されていないのが現状である。

驚くべきことは、全国民が義務として医療保険制度に加入すべきとする案は、国民の自由を奪うので憲法違反である、との訴訟すらあったのがアメリカである。この訴訟は最高裁判所で違憲ではないという判決が出されたが、判事の票数はきわどい差であった。

企業年金の発展と特色

驚く方が多いかもしれないが、第二次世界大戦以前のアメリカの企業（特に大企業）では企業福祉が、日本の高度成長期の頃のように充実していた。企業は社宅、医療、その他の福祉を自社で企画・運営していたのである。労働者を囲い込むために各種の福祉を従業員に提供していたのである。

イギリスの農地囲い込み運動に似ていることから、アメリカの企業福祉は「荘園型企業」とか「福祉資本主義」とも呼ばれた。その当時の充実した企業福祉の一つとして、現代でも企業年金が残っているのである。

企業年金制度の根幹は、現役で労働中に稼いだ賃金の一部を企業年金保険料として拠出し貯蓄して、その原資を基に引退後に年金として支給することである。このことから、次の二つの重要な意味を持っている。第一に、賃金の後払いという特色を有している。第二に、労使の合意の下に契約・運営する、あくまでも民間による私的な制度であり、公的部門が責任を有するものではない。とはいえ、企業年金制度がうまく機能するように、公的部門が間接的な監視・指導を行うことまでをも排除するものではない。

日本においても、アメリカでの企業年金制度の発展に刺激され、かつ資産運用をするビジネス・チャンスと考えてその普及に取り組み、企業年金制度は発展を見たのである。私個人はこの発展を横目で見ながらも、制度を運営している途中で企業が経営破綻すれば企業年金制度はどうなるのだろうか、と常に危惧を抱いていた。企業というのは永久的に存続するものではない。大企業のなかには100年以上も存続する企業も稀にあるが、大企業であっても経営破綻が発生して倒産するし、企業合併や吸収は日常茶飯事である。半永久的に存続しない企業における企業年金制度は問題を抱えることになることを、私は危惧したのである。

中小企業に眼を向ければ、企業の存続期間は平均で数年という短い期間なので、それらの企業が企業年金制度を持つことができないのは至極当然である。したがって、中小企業のなかで企業年金を企画・運営する企業は非常に少なく、比較的存続期間の長い大企業にしか企業年金制度が存在しないことは自然なことである。

もう一つの難点は、企業倒産や合併のみならず、労働者側にあっても転職、出向、定年前に労働市場からの引退などが見られるところから、一つの企業で定年まで勤めあげる人ばかりではないので、事務手続きはややこしくなること必定である。しかも、定年まで一つの企業で勤めあげる人はきわめて少数派である。

このように企業年金制度を理解してくると、意外とこの制度の企画・運営はそう容易でないことがわかる。そのことを関係者もよく承知しているので、様々な工夫をして改革を実行してきた。その代表例が、俗に言う「ポータビリティ」の確保である。たとえ企業が倒産したり、企業合併が発生したり、労働者が企業間を移動したりしても、企業年金の権利と義務を次の企業に持って行くというのがポータビリティである。この保障がないと、企業、労働者の双方にとって長期間にわたって企業年金制度の役割が果たせないので、業界関係者は多大な努力をしてポータビリティの確保をするように努めてきたが、課題も多い。まだポータビリティは完全に機能しているとは言い難く、制度の改善を図ることが必要である。

企業倒産時の年金給付

もう一つの新しい課題は、既に述べたように経営破綻が発生して企業が倒産したときに、退職している従業員への年金支給をどうするかという問題である。ＪＡＬは退職職員や現役職員にアンケートを配布して、企業年金額の削減に応じるかどうかの可否を問うた末に、減額をすることに決定したのである。企業年金が完全に賃金の後払いであるなら、退職職員は全額保証を求めて減額に応じなくてよいのであるが、企業はその支払い用の全額を積立てていないし、積立金の額も金利によって変動するので、どうしても企業が保有する積立金以外の現在の企業資金を年金給付に回さねばならないのである。これは経営の苦しい企業にとっては大きな負担となるので、この負担を避けるためにＯＢ・ＯＧの年金給付額の削減を企業側は要望するのである。

この場合の取り扱いに関して、法学者と経済学者の間で意見の分かれたことが興味深い。法学者の場合は、企業年金は賃金の後払いなので、年金給付を全額受けるのは労働者の権利であり、減額は法律違反であるとする意見が多数派であった。一方の経済学者は、減額せずに企業が多額の財政負担をするのなら、倒産は絶対に避けられないし、一時破綻した後の再建にあたって大きな足かせとなって苦労をすること必定であると考え、破綻企業にできるだけ負担を軽くするために減額やむなしの意見が多数派であった。私も経済学者の端くれなので、後者の支持である。

法学専攻者と経済学専攻者でこのように意見の相違が生じる理由には、次のようなことが考えられる。第一に、法学者は一度労使で契約された事項は法律のようなものと捉えて、契約を遵守することは市民社会にあっては当然のことと考える。第二に、法学者は一人でも不利益を被る人が出現すれば、その人の権利を守ることは人間社会では当然と考えるが、経済学者は最大多数の最大幸福の原理を信じる人が多いので、すべての人の権利の庇護に執着しない。第三に、経済学者は制度なり企業がつぶれてしまえばすべてが終わりと見なすので、制度なり企業の存続のためには、ある程度誰かが犠牲になることは避けられないことがあると考える。

ＧＭやＪＡＬにおいて企業年金給付額の削減が実行されたのは、経済学的な見方をする人が退職者や現経営者、現従業員のなかで多数派であったからであると想像できる。しかし、法学者の主張を完全に無視することもできない。退職後の年金支給額が削減された一つの理由として、過去と現在の経営者による経営失敗もあるわけで、そのつけを全部退職者に負わせることはできない。できるだけ年金給付額の削減幅を最小にする方策を、現在の経営者と従業員、そして第三者が知恵を絞って立てるように努力することが必要である。

これに関して、年金減額を避けるために税収を投入して引退者の所得保障をすべし、という声が退職者の一部からあった。この主張には賛成しない。なぜならば、企業年金制度はあくまでも一民間企業とそこで働く労働者との間の私的契約によって成立するものであり、たとえ契約不履行があったとしても当事者の間で解決すべきことである。国民の税負担によって、退職した人の一部の所得保障まで国家がする義務はないと考える。むしろ国家は公的年金制度の健全な発展を図ることに注力してほしいものである。

東京電力の福島原発事故により、東京電力の経営問題が深刻になりそうなので、ＯＢ・ＯＧの企業年金額の減額がきっと俎上にのぼると予想できる。今回の事故は想定外の自然災害によるもので、多くの人にとって予測不可能なことなので、企業年金額の減額を阻止するために税収投入を、という意見がＯＢ・ＯＧから出てくるかもしれない。もともと東京電力社員の給与、年金額は高いことで有名なので、庶民の同情が得られない可能性はある。また、福島原発事故は人災だという主張もあるが、天災による被害を東京電力ＯＢ・ＯＧが国によって補償せよと主張することもありうる。この問題の処理については、私の判断能力を超えているので、司法当局の判断に委託せねばならないことである。

その後の２０１２年６月、東京電力のＯＢ・ＯＧは企業年金額の減額に応じた。東電の経営問題に配慮したであろうし、国民の意向を無視できない、と判断したと思われる。

企業福祉からの撤退

ここまで述べてきたことから得られる一つの帰結は、企業年金制度を企画・運営することは本当に大変だ、ということになる。民間企業の存続期間は平均すると短期間であるし、労働者が企業間を移る労働流動性が高まっていることや、非正規労働者の数が激増中であることを考慮すると、もともとは一生涯を一つの企業で勤めあげる正規労働者を念頭において設定された企業年金制度は、大きく変革されねばならない時期にきている。

これを踏まえると、企業年金を含めて企業福祉制度をやめる、あるいは撤退するということを考えてもよいのではないか、ということを私は主張している。この主張は極端だし、かなりの少数意見であることは十分承知しているが、もし全容を知りたい方は橘木俊詔著『企業福祉の終焉』（中公新書、２００５年）を参照されたい。

拙著で述べたことは、ほんの一部であるが現実に発生しつつある。例えば、自社の保養所、独身寮、社宅などを削減する企業がけっこうあるし、従業員によっては後に退職金や企業年金によって報酬を受け取るのではなく、現役中に賃金として全額受け取りたいと希望する人がいて、その選択を容認する企業も出現している。後者の代表例はパナソニックである。

企業年金などの企業福祉を一気にやめてしまうのは非現実的であると言えよう。この制度の持っている短所をできるだけ小さくするための制度改革を考える、というのが現実的な処理である。例えば、企業年金制度であれば、ポータビリティをもっと充実させるためにはどのようにすればよいかとか、確定拠出制の企業年金であっても個人で資産運用術を高めるには限度があるので、専門家や金融機関が関与する方策をさらに導入する、といったことである。そして最近の事象に鑑みれば、企業倒産が発生したときに企業年金制度をどう処理すればよいのか、ルールづくりと善後策に関する研究蓄積を図ることが肝要と考える。その際には企業・金融機関の担当者、法律家、経済専門家の間の対話も必要である。

〈2〉ベーシック・インカム

7　誰がベーシック・インカムを支持しているのか

（高松里江との共著論文）

新しい福祉システムに向けて

所得のない人、あるいは非常に低い所得しかない貧困者に、社会が経済支援を行うということに、反対する人はほとんどいない。憲法でも保障された生活権の確保ということにも社会の含意がある。しかし、その方策については様々な考え方がある。本章ではまったく異なる二つの政策措置と、その哲学・倫理学的背景について論じてみたい。

一つは、「Welfare to work」あるいは「ワークフェア」と呼んでもよいもので、人が働くということを前提にして、すべての国民に生きていくだけの生活給を支払うというものである。もう一つは、本章での主要関心である「ベーシック・インカム」という考え方であり、すべての国民に生きていくだけの生活給を支払うというものである。もとより前者であっても、健康やその他の理由でもって働けない人に経済支援を行うことを容認するし、後者にあっては働く人・働かない人の区別なく、全員に経済支援を行うことに特色がある。

後者のベーシック・インカムはさほど新しいものではなく、18世紀のヨーロッパで既にその発想はあった。トマス・ペインという英国の思想家、J・S・ミルという古典派経済学者による有名な著作『経済学原理』の中で、働くことのできる人かできない人かに関係なく、一定の所得給付を行うという考え方が表明されている。

国が最低限の生活保障を行うのは国家の義務という哲学と見なしてよいが、この思想がさらに発展して、すべての国民は国からこの支給を受ける権利を有するという方向に進んだ。生まれながらの権利なのかどうか、論者によって意見の分かれるところであるが、専門家の間では一定の支持があった。

興味深いことに、アメリカのケインジアンでリベラル派として有名であったJ・トービンはもとより、マネタリストで保守派の代表格であり、いつもトービンなどと対立していたM・フリードマンも、限定的ながらベーシック・インカムの考え方を支持していた。後者の支持は意外かもしれないが、貧困家庭に「負の所得税」を支払うというフリードマンの主張は、ベーシック・インカムの弱い意味での一変形と見なせるからである。

働くか働かないかに関係なく、政府が国民全員に一定額を支払うというベーシック・インカムの思想には、多くの疑問が提示されている。どのような疑問だろうか。第一に、働かない人にも支給するということは、毎日海岸でサーフィンを楽しんでいる遊び人にもベーシック・インカムの支給がなされるようになれば、働かなくなる人が大勢出てきて、経済が弱くなるという危惧がある。

第二に、国民全員に一定額を支給するのであれば、国民の税負担は巨額になるので、実行不可能という反対論は根強い。国民に50％を超える所得税率の負担を強いるという計算もあるほどで、実現論として無理という意見である。

ベーシック・インカムの支持者は、これらの反対論に耐え得るような現実的な案を模索しているが、まだ多くの支持がないのでここではそれらの詳しいことを論じない。

三つだけ補足しておこう。第一に、既に以前の章で私たちが主張しているような、高齢引退者全員に基礎年金の金額を税負担で給付する案とか、働かないあるいは働かないのが望ましい子どもに一定額の手当を支給する案は、限定された意味でのベーシック・インカムの実践であると解釈できる。換言すれば、働く人にも給付を行うという思想を排除して、働くことができない人にだけ給付するという思想に転換したと考えてよい。

第二に、わが国で2010年4月～2011年9月まで子ども手当が15歳までの子どもに一律月額1万3000円が支給されたが、この制度はベーシック・インカムの第一歩とみなせることである。額はそう多くないし、年齢に制限があるので、ベーシック・インカムの概念からほど遠いが、日本においてもその片鱗がみられたことは興味深いことである。その後の日本においても名称の変化（すなわち児童手当）はあったが、所得制限はありながらも子どもに支給があるようになったので、これもベーシック・インカムの第一歩と考えてよい。

第三に、左派から支持のありそうなベーシック・インカムであるが、興味深いことに労働者の味方とみなせるマルクス主義の思想からは、評価されていない点である。「働かざるもの食うべからず」は、長い間マルクス主義の根幹とみなされてきたので、働かないサーファーにも給付するという政策をどう納得させうるかが論点である。

次に、「ワークフェア」を論じておこう。この思想は、福祉を充実すると人々が怠惰になって働かなくなることがあるので、なんとか人が進んで働くような福祉制度がないかを探求したものである。分かりやすい例を挙げれば、失業保険制度や生活保護制度が充実すると、人々の求職意欲や勤務意欲を削ぐことがある。これら社会保障制度の負の効果を最小にできないか、というのがワークフェアの主旨である。

ワークフェアの代表的政策の一つとして、現在論点となっている「給付つき税額控除策」を述べておこう。働いた人に一定額の税を払い戻す案であり、負の所得税とも解せる案である。そのため就労が条件になっており、働かない人にはその利益が及ばないことに注目してほしい。いわゆる新自由主義の優勢なアングロ・サクソン流の福祉のタダ乗りを排除する思想と合致する巧妙な策である。

実は福祉が充実している北欧諸国であっても、この就労条件は相当重要な要件となっていることを強調しておこう。例えば、失業・雇用対策や子育て支援策が充実している北欧であるが、働いていない人よりも働いている人に、より充実した政策が用意されており、就労条件の大切さが伺える。もう一つの例は、最低賃金のアップ策がある。貧困撲滅策として役立つ最低賃金制度であるが、これは働いている人だけが利益を享受する制度であり、働いていない人とは無縁なことなので、ワークフェアの一環とみなすことが可能である。

働く人と働かない人を区別しないで、すべての人に給付のあるベーシック・インカム論と、働く人を優遇しようとするワークフェア論、どちらが好みであるかは、人の哲学・倫理観にも依存すると言える。

本章では、ベーシック・インカムかワークフェアかの選択に際して、どちらを選択すればよいかの資料になるように、ベーシック・インカムが容認されるとすれば、どういう条件が満たされていれば国民の支持が得られそうかに関心をもって分析する。

ベーシック・インカムと負の所得税

ベーシック・インカムと政治的態度

ベーシック・インカムという制度の興味深い点は、政府による市場介入を嫌う保守派から、政府による市場介入を認めるリベラル派に至るまで、対立するはずの異なる政治的態度をもつ人々から支持がみられることである（Fitzpatric 1999=2005）。なお、ここで言う政治的態度とは、格差の是正に対する政府の役割をどの程度重く見るかによって定義する。以下では、フィッツパトリックの分類を参考に、保守派やリベラル派がどのような点でベーシック・インカムを支持しているのかを整理しよう[(1)]。

まず、保守派とは、個人が欲求に従って行動することに価値を置き、政府の市場への介入を嫌う立場である。彼らにとってのベーシック・インカムの利点とは、賃金の中に含まれてきた生活給という役割がなくなるという点にある[(2)]。これにより、経営者は労働者とその家族を養うという責任から解放されるとともに、政府も必要のない公共事業などを行って雇用を創出する必要がない。また、労働市場の急激な変化に合わせて、雇用調整を行うことができる。このことから、保守派の中でも、経営者や高額納税者としての高所得者は、賛成する可能性が高いと考えられる。

一方、リベラル派とは、格差や貧困に対して政府による市場のコントロールを認める立場である[(3)]。彼らにとってのベーシック・インカムの利点とは、生活保護などの給付では対処しきれない層に対しても手が届くので、100%という高い補足率を期待できるという点である。日本では格差や貧困を是正するべきとするリベラル派の立場から紹介されることが多いが（小沢2002、山森2009、武川編2008）、これは日本がこれまで雇用と家族を福祉の担い手としてきたことと関係している。この福祉制度では、父（夫）の雇用を通じて生活に必要なお金を配分するため雇用や家族から漏れる人に対しては脆弱な側面を持つことになる[(4)]。このことから、リベラル派の中でも世帯所得の低い人や、格差の拡大を懸念する者は賛成する可能性が高いと考えられる。

　こういった賛成の理由が示されるものの、ベーシック・インカムはそれぞれの政治的態度において反対も受けてきた。すなわち、保守派は、労働のインセンティブが失われてしまうことを危惧し、リベラル派は市民の一員としての義務がなくなることを危惧している（Fitzpatric 1999=2005）。そこで、いわば折衷案としての負の所得税にも注目が集まっている。[5] 負の所得税は、就労を基盤として、所得に応じて課税や給付がなされるため、勤労意欲を損ないにくいとされる。ベーシック・インカムとは理念は異なるが、類似する制度としてしばしば紹介されている。

　しかしながら、このように理論的に議論がなされてきたものの、人々がベーシック・インカムに対してどのような賛否を示すかという点は明らかにされていない。[6] そこで本章では質問表調査を用いて、まずベーシック・インカムへの賛否が日本人の間でどの程度みられるのか、また、政治的態度によって賛否はどのように異なるのかを検討する。そして、それぞれの政治的態度において、社会経済的地位（所得など）や格差の見通しがどのように影響しているのかを明らかにする。その際、負の所得税を部分的ベーシック・インカムとみなし、比較検討し、実現の可能性を探索する。

用いるデータと変数

データ

本章で用いるデータは、2009年5月に実施された「地域の生活と福祉に関するアンケート調査」(研究代表者：橘木俊詔)である。この調査では、首都圏A地区と近畿圏B地区に住む、満20歳以上80歳未満の男女個人6000名を設計標本とした。住民基本台帳を抽出台帳として、二段系統抽出法に基づいて対象者の選定を行い、面接調査法により合計2389サンプル(回収率39・8%)の回答を得た。詳細は、伊多波・塩津(2011)を参照されたい。

変数

まず、被説明変数あるいは従属変数である「ベーシック・インカムに対する支持」、「負の所得税に対する支持」について説明しておこう。ベーシック・インカムに対する支持を示す指標として、「所得や資産の有無、あるいは働いているか働いていないかといったことに関係なく、すべての人々に対する必要最低限の生活費を政府が支給する」という制度について賛否を尋ねた質問から、「賛成」「どちらかといえば賛成」を『賛成』、「どちらともいえない」を『中間』、「どちらかといえばそう思わない」「そう思わない」を『反対』という分類を作成した。負の所得税についても同様に、

「年収が一定水準以下の場合、働いていたら政府から個人の補助金が支払われる」という制度について賛否を尋ねた質問から、「賛成」「どちらかといえば賛成」を『賛成』、「どちらともいえない」を『中間』、「どちらかといえばそう思わない」「そう思わない」を『反対』という分類を作成した。

説明変数あるいは独立変数は、政治的態度、格差の拡大に対する認識、社会経済的地位に関する変数である。政治的態度として、「所得の格差を縮めるのは政府の責任だ」について意見を求め、「賛成」「どちらかといえば賛成」を「リベラル派」、「どちらともいえない」を「中間派」、「どちらかといえばそう思わない」「そう思わない」を「保守派」とした。格差の拡大に対する認識として、「今後5年間で所得や収入の格差は拡大していく」について意見を求め、「広がる」(3点)から「広がらない」(1点)まで得点化した。社会経済的地位として、世帯所得、生活困難の実態、学歴の3つの変数を用いた。世帯所得は、勤労収入の他、利子・配当収入、公的年金、私的年金、生活保護、児童手当、雇用保険、親や子からの仕送り、その他を合計したものから、「300万円未満」「300〜500万円未満」「500〜700万円未満」「700万円以上」の4つに分類した。(7) 生活困難を示す変数として、滞納得点を作成した。この得点は「公共料金(電気、水道、ガスなど)」「家賃」「クレジットカード」「消費者金融」「その他のローン(住宅ローンなど)」「国民年金の保険料」「国民健康保険の保険料」について過去1年間に支払いが滞ったことがあるかについて尋ね、ある＝1点、ない＝0点としてそれぞれを単純加算して作成したものである。(8) 学歴として、最後に通学した学校から、「中卒」(中学校卒)、「高卒」(高校卒)、「専門・短大」(専修学校・短期大学・高等専門学校卒)、

表1　記述統計量

（単位：%）

		ベーシック・インカム				負の所得税			
		賛成	中間	反対	合計	賛成	中間	反対	合計
政治的態度	保守派（n＝176）	22.7	23.3	54.0	100.0**	33.0	25.6	41.5	100.0**
	中間派（n＝427）	25.1	38.2	36.8	100.0	42.9	38.2	19.0	100.0
	リベラル派（n＝683）	32.1	37.0	30.9	100.0	50.5	32.2	17.3	100.0
地　域	A地区（n＝649）	28.2	32.4	39.4	100.0	46.8	32.2	23.0	100.0
	B地区（n＝637）	28.7	38.8	32.5	100.0*	46.3	34.4	19.3	100.0
年　齢	若年（n＝233）	37.8	29.2	33.0	100.0**	52.4	26.2	21.5	100.0*
	壮年（n＝548）	25.7	34.3	40.0	100.0	47.1	32.7	20.3	100.0
	中高年（n＝505）	27.1	39.8	33.1	100.0	40.8	37.2	22.0	100.0
性　別	男性（n＝653）	31.1	33.7	35.2	100.0†	46.4	30.8	22.8	100.0
	女性（n＝633）	25.8	37.4	36.8	100.0	44.7	35.9	19.4	100.0
家　族	単身54歳以下（n＝84）	34.5	36.9	28.6	100.0	57.1	25.0	17.9	100.0
	単身55歳以上（n＝27）	18.5	44.4	37.0	100.0	37.0	48.1	14.8	100.0
	夫婦のみ（n＝232）	28.9	38.4	32.8	100.0	39.7	37.5	22.8	100.0
	本人未婚で核家族（n＝136）	32.4	35.3	32.4	100.0	47.8	33.8	18.4	100.0
	本人既婚で核家族（n＝565）	26.0	34.9	39.1	100.0	46.2	31.9	21.9	100.0
	3世代家族（n＝124）	28.2	32.3	39.5	100.0	39.5	37.9	22.6	100.0
	母子家庭（n＝58）	36.2	36.2	27.6	100.0	51.7	31.0	17.2	100.0
	父子家庭（n＝14）	35.7	28.6	35.7	100.0	78.6	7.1	14.3	100.0
	その他（n＝46）	28.3	32.6	39.1	100.0	43.5	32.6	23.9	100.0
雇用形態	経営者（n＝47）	25.5	27.7	46.8	100.0	38.3	23.4	38.3	100.0*
	正規雇用（n＝421）	29.2	34.2	36.6	100.0	48.0	30.9	21.1	100.0
	非正規雇用（n＝299）	28.4	37.5	34.1	100.0	49.5	32.4	18.1	100.0
	自営・家族（n＝162）	25.3	34.6	40.1	100.0	40.1	40.7	19.1	100.0
	無職（n＝317）	27.4	38.8	33.8	100.0	43.2	36.0	20.8	100.0
	学生・その他（n＝40）	45.0	22.5	32.5	100.0	40.0	25.0	35.0	100.0
学　歴	中卒（n＝184）	33.2	37.0	29.9	100.0*	47.8	34.8	17.4	100.0
	高卒（n＝578）	28.0	38.2	33.7	100.0	43.1	34.8	22.1	100.0
	専門・短大（n＝247）	25.5	36.8	37.7	100.0	47.4	32.8	19.8	100.0
	四大・院（n＝277）	28.9	27.8	43.3	100.0	47.7	29.6	22.7	100.0
滞　納	なし（n＝1041）	26.2	36.6	37.2	100.0**	44.0	34.8	21.2	100.0*
	あり（n＝245）	38.0	31.0	31.0	100.0	52.2	26.9	20.8	100.0
世帯所得	300万円未満（n＝295）	34.2	38.0	27.8	100.0**	45.1	38.3	16.6	100.0**
	300～500万円未満（n＝387）	28.7	35.4	35.9	100.0	50.6	30.7	18.6	100.0
	500～700万円未満（n＝282）	25.5	39.4	35.1	100.0	45.0	35.8	19.1	100.0
	700万円以上（n＝322）	25.5	30.1	44.4	100.0	40.4	29.5	30.1	100.0
格差見通し	広がらない（n＝63）	38.1	33.3	28.6	100.0**	38.1	31.7	30.2	100.0*
	どちらともいえない（n＝862）	24.6	38.9	36.5	100.0	43.6	36.0	20.4	100.0
	広がる（n＝361）	36.0	28.0	36.0	100.0	51.5	27.1	21.3	100.0
合　計		28.5	35.5	36.0	100.0	45.6	33.3	21.2	100.0

Note：N＝1286、χ^2検定、$^{**}p<0.01$、$^{*}p<0.05$、$^{\dagger}p<0.10$

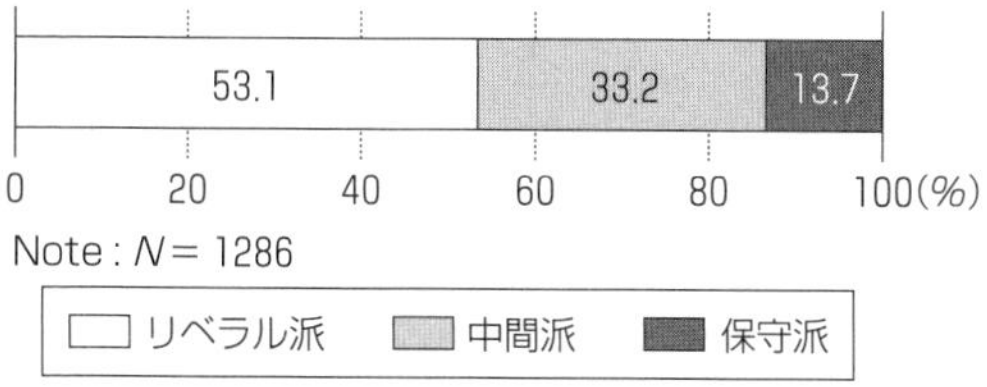

図１　政治的態度の分布

「大学・院」（四年制大学・大学院）の４つのカテゴリを作成した。

その他のコントロール変数として、地域や年齢、性別など再分配政策に対する意識に影響があると考えられる変数を取り上げる。[9] 地域は、「首都圏Ａ地区」「近畿圏Ｂ地区」である、年齢は20〜34歳の「若年」、35〜54歳の「壮年」、55歳以上の「中高年」である。家族形態は「単身者」「夫婦のみ世帯」「本人未婚核家族」「本人既婚核家族」「三世代家族」「片親家族」である。[10] 雇用形態は、「経営者」「正規雇用」「非正規雇用」[11]「自営業・家族従業者」「その他（学生など）」である。

それぞれの変数とベーシック・インカム、負の所得税のクロス集計表は**表１**の通りである。以上の変数を、次節以降の分析で用いていく。

政治的態度の分析

政治的態度の分布

まずは、政治的態度の分布について確認しておこう（**図１**）。経済格差の是正は政府の役割であると考えるリベラル派の割合は53・１%と半数を超えており多数派である。次に、中間派は33・２%であり、リベラル派に次

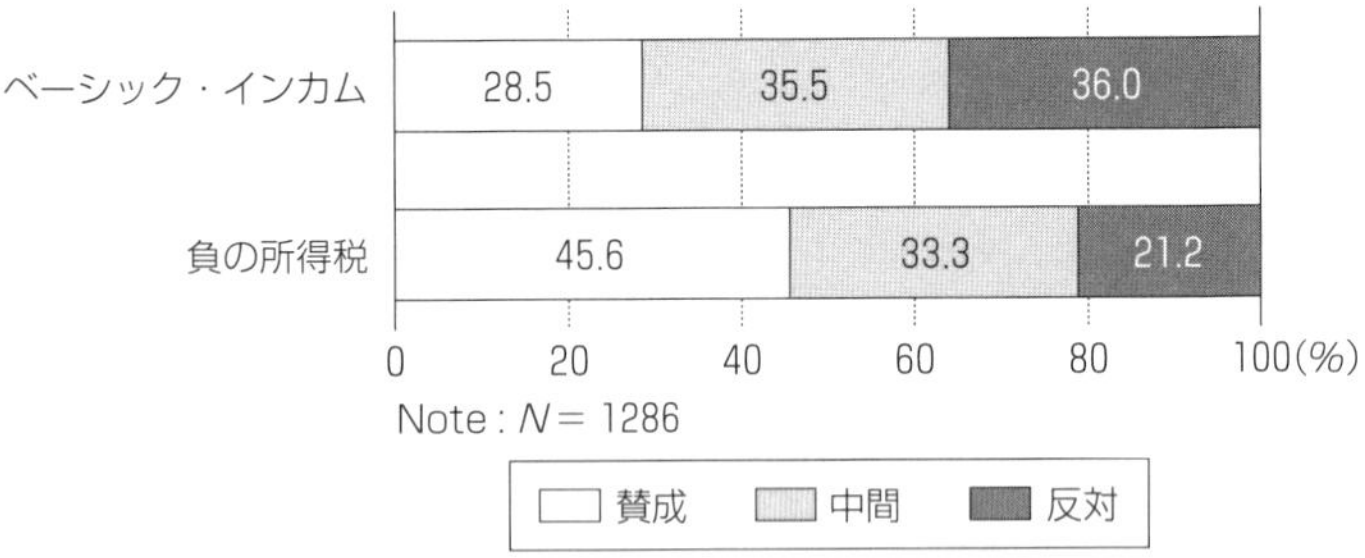

図２　ベーシック・インカム、負の所得税の支持の分布

いで大きな割合を占める。最後に、政府の責任ではないと考える保守派の割合は13・7％と少数派であることが分かる。２００５年に実施された別の調査によると、福祉政策に対して、豊かな人から恵まれない人への所得分配を伴う高福祉社会を志向する人は65・4％、中間の人は23・8％、志向しない人は10・8％であり、本章で用いる調査と比べて回答の傾向には大きな違いは見られないようである（土場２００８：２４２）。本章で用いる調査は地域を限定したものであるが、政治的態度については日本全体の状況と比較しても大きな違いはないと考えられる。

ベーシック・インカム、負の所得税の支持と政治的態度

では、ベーシック・インカムと負の所得税に対する支持の分布を確認する（**図２**）。ベーシック・インカムに対して、「賛成」「中間」「反対」はそれぞれ28・5％、35・5％、36・0％となり、「賛成」はやや少ないものの必ずしも少数派というわけでもない。一方、負の所得税では、ベーシック・インカムよりも「賛成」の割合が増加し45・6％に上る。また、「中間」「反対」はそれぞれ33・3％、

表2　ベーシック・インカム、負の所得税の支持に対する順序ロジスティック回帰分析（全ケース）

		ベーシック・インカム			負の所得税		
		B	S.E.	Exp(B)	B	S.E.	Exp(B)
閾　値	反　対	−1.037*	0.366	0.355	−1.202*	0.374	0.301
	中　間	0.523	0.365	1.688	0.366	0.372	1.442
地　域	A地区（ref：B地区）	−0.142	0.106	0.868	−0.073	0.108	0.930
年　齢	若　年	0.412*	0.157	1.509	0.109	0.161	1.115
	壮　年（ref）						
	中高年	0.053	0.136	1.054	−0.230†	0.138	0.795
性　別	女性（ref：男性）	−0.213	0.124	0.808	−0.036	0.126	0.964
家族形態	単　身	−0.026	0.207	0.974	0.195	0.215	1.216
	夫婦のみ	0.025	0.158	1.026	−0.192	0.160	0.826
	本人未婚で核家族	0.051	0.195	1.053	0.102	0.200	1.107
	本人既婚で核家族（ref）						
	三世代家族	0.070	0.187	1.073	−0.048	0.188	0.953
	片親家族	0.211	0.195	1.235	0.181	0.201	1.198
学　歴	中学校卒	0.158	0.165	1.171	0.276	0.169	1.318
	高校卒（ref）						
	専門・短大卒	−0.042	0.145	0.959	0.181	0.148	1.199
	四大・大学院卒	−0.139	0.142	0.870	0.230	0.145	1.259
雇用形態	経営者	−0.279	0.299	0.756	−0.406	0.296	0.667
	正規雇用（ref）						
	非正規雇用	−0.027	0.161	0.974	0.011	0.165	1.011
	自営・家族従業者	−0.188	0.183	0.828	−0.070	0.185	0.932
	無　職	−0.146	0.175	0.864	−0.133	0.178	0.876
	学生・その他	0.469	0.318	1.598	−0.438	0.321	0.645
生活困窮	滞納得点	0.086†	0.049	1.090	0.068	0.051	1.071
世帯所得	300万円未満	0.307†	0.177	1.359	0.087	0.181	1.091
	300〜500万円未満	−0.060	0.149	0.941	0.129	0.152	1.137
	500〜700万円未満（ref）						
	700万円以上	−0.188	0.155	0.829	−0.312*	0.157	0.732
格差拡大の認識		−0.020	0.103	0.980	0.144	0.105	1.155
政治的態度	保守派	−0.595**	0.174	0.551	−0.768**	0.171	0.464
	中間派（ref）						
	リベラル派	0.233*	0.118	1.262	0.215†	0.120	1.240
N		1286			1286		
Cox と Snell R^2		0.051			0.059		
Nagelkerke R^2		0.058			0.067		
McFadden R^2		0.024			0.029		

Note：** $p<0.01$、* $p<0.05$、† $p<0.10$

21・2％である。ベーシック・インカムに対する「賛成」が3割程度、負の所得税に対する「賛成」が5割近くと一定の割合を占めており、日本においてもベーシック・インカムが導入される素地があると考えられよう。また、全体的に見ると、負の所得税に対する「賛成」はベーシック・インカムに対する「賛成」よりも多く、より賛同を得られやすいようである。

ベーシック・インカム、負の所得税の支持の規定要因について、順序ロジスティック回帰分析を行ったものが**表2**である。ここで注目するべき変数は、政治的態度である。リベラル派、保守派の双方で中間派と比べて賛成しやすいかを検討するために、中間派を基準（ref）として分析を行った結果、ベーシック・インカムについては、保守派は中間派よりも有意にマイナスの値を、リベラル派は中間派よりも有意にプラスの値をとった。また、負の所得税では、保守派は中間派よりも有意にマイナスの値を、5％水準で有意ではないもののリベラル派は中間派よりもプラスの値をとった。つまり、ベーシック・インカムも負の所得税もともに、保守派ほど反対し、リベラル派ほど賛成する傾向が見られる、というのがここでの結論である。

ベーシック・インカムの支持構造

次に、ベーシック・インカムに対して、どの程度の人が賛成しているのかを、政治的態度別に確認する（**図3**）。リベラル派では、「賛成」「中間」「反対」がおよそ3分する状況となっている。中間派では、「賛成」の割合が減少し、「中間」と「反対」の割合が増加している。保守派では、さら

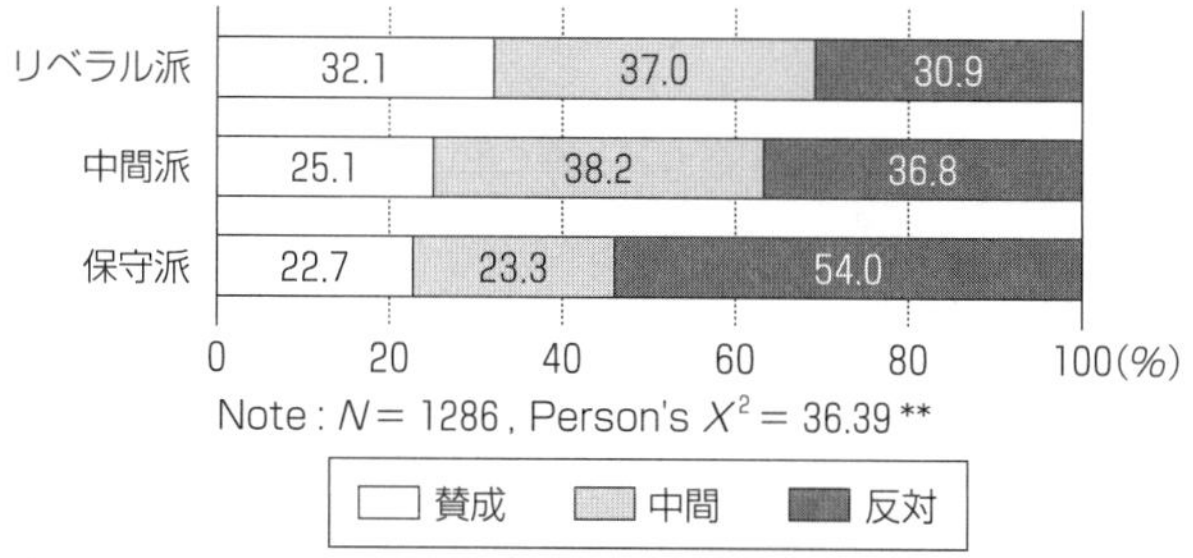

図3　ベーシック・インカム支持意識

に「中間」が減少し、5割を超える者が明確に「反対」と回答している。

保守派、中間派、リベラル派に分けた上で、ベーシック・インカムの支持に対する順序ロジスティック回帰分析を行ったものが**表3**である。このように政治的態度別に分けることで、それぞれの理論立場からする関心と、人々の関心との相違点について検討することができる[12]。

分析の結果、リベラル派では、格差の拡大に対する認識は有意な効果をもたなかった。理論的には、リベラル派はベーシック・インカムを格差是正の手段とみなしているが[13]、一般のリベラル派の人々は、この数年の格差の拡大に対する是正策としてベーシック・インカムが適当な制度であるとは捉えていないようである。これに対して、社会経済的地位では、学歴や世帯所得の低い人の方が賛成しやすく、自分の社会経済的地位を改善するという意味で格差是正策として期待されるようである。ただし滞納得点の効果はみられず、貧困状態の人ではなく経済階層や学歴がやや低い層において、ベーシック・インカムによる支援が必要だと捉えられるのかもしれない。

表3　ベーシック・インカムの支持に対する順序ロジスティック回帰分析（政治的態度別）

		リベラル派			中間派			保守派		
		B	S.E.	Exp (B)	B	S.E.	Exp (B)	B	S.E.	Exp (B)
閾値	反対	−1.080*	0.488	0.340	−1.482*	0.663	0.227	−0.012	1.251	0.988
	中間	0.548	0.487	1.730	0.233	0.659	1.263	1.255	1.255	3.509
地域	A地区（ref：B地区）	−0.017	0.146	0.983	−0.313	0.187	0.731	−0.143	0.327	0.866
年齢	若年	0.499*	0.226	1.646	0.625*	0.286	1.867	−0.072	0.414	0.931
	壮年（ref）									
	中高年	0.215	0.187	1.240	0.110	0.234	1.116	0.078	0.473	1.081
性別	女性（ref：男性）	−0.054	0.170	0.947	−0.198	0.223	0.820	−0.318	0.380	0.728
家族形態	単身	−0.712	0.281	0.490	0.429	0.392	1.535	1.691	0.620	5.424
	夫婦のみ	−0.178	0.212	0.837	0.094	0.282	1.099	0.381	0.536	1.463
	本人未婚で核家族	−0.018	0.274	0.982	−0.045	0.370	0.956	0.226	0.500	1.253
	本人既婚で核家族（ref）									
	三世代家族	−0.336	0.278	0.714	0.419	0.307	1.520	0.418	0.553	1.519
	片親家族	−0.117	0.259	0.890	0.397	0.343	1.488	0.925	0.710	2.522
学歴	中学校卒	−0.060	0.221	0.942	0.087	0.297	1.090	1.208*	0.579	3.348
	高校卒（ref）									
	専門・短大卒	−0.111	0.204	0.895	−0.109	0.250	0.897	0.491	0.449	1.633
	四大・大学院卒	−0.438*	0.203	0.645	0.015	0.252	1.015	0.344	0.409	1.411
雇用形態	経営者	−0.652	0.419	0.521	0.753	0.600	2.124	−0.623	0.754	0.537
	正規雇用（ref）									
	非正規雇用	−0.182	0.222	0.834	0.169	0.289	1.184	−0.355	0.531	0.701
	自営・家族従業者	−0.320	0.274	0.726	−0.182	0.304	0.833	−0.310	0.512	0.734
	無職	−0.486†	0.249	0.615	0.090	0.291	1.094	−0.164	0.579	0.849
	学生・その他	0.658	0.472	1.930	1.064	0.812	2.897	−0.027	0.630	0.973
生活困窮	滞納得点	−0.035	0.061	0.966	0.221*	0.105	1.247	0.550**	0.173	1.733
世帯所得	300万円未満	0.594*	0.245	1.812	−0.382	0.320	0.682	1.049*	0.526	2.854
	300～500万円未満	−0.111	0.204	0.895	−0.133	0.260	0.875	0.177	0.495	1.194
	500～700万円未満（ref）									
	700万円以上	−0.379†	0.227	0.684	−0.220	0.262	0.802	0.548	0.450	1.729
格差拡大の認識		0.058	0.132	1.060	−0.167	0.213	0.846	−0.290	0.331	0.748
N		683			427			176		
Cox と Snell R^2		0.056			0.056			0.182		
Nagelkerke R^2		0.063			0.064			0.210		
McFadden R^2		0.026			0.027			0.099		

Note：$^{**}p<0.01$、$^{*}p<0.05$、$^{\dagger}p<0.10$

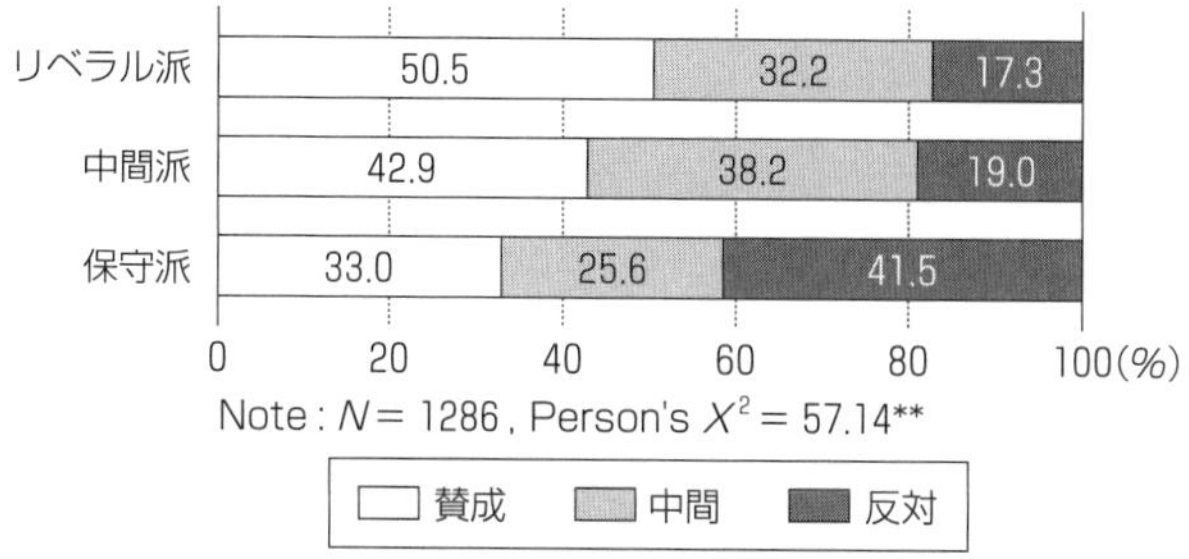

図4　負の所得税支持

それに対して高い経済階層の人などは、それほど必要性を感じていないようである。

一方、保守派でも社会経済的地位の効果が見られたが、リベラル派とは異なり学歴や世帯所得だけではなく、滞納得点の効果も見られた。社会経済的地位が低いほどベーシック・インカムに賛成する傾向が見られるが、保守派の中では貧困状態にある人で特に賛成しやすい。これらの層の人は、政府からのベーシック・インカム以上の介入はなく貧困状況を抜け出す手段として、ベーシック・インカムを捉えているのかもしれない。

負の所得税の支持構造

次に、負の所得税に対して、どの程度の人が賛成しているのかを、政治的態度別に確認する（**図4**）。どの政治的態度においても、ベーシック・インカムよりも賛成する割合が高い。リベラル派では、「賛成」が5割程度、「中間」が3割程度、「反対」が2割程度である。中間派では、「賛成」の割合が4割程度にまで減少し、「中間」も4割程度、「反対」が2割程度となっている。保守派では、「賛成」「中

表4　負の所得税の支持に対する順序ロジスティック回帰分析（政治的態度別）

		リベラル派			中間派			保守派		
		B	S.E.	Exp (B)	B	S.E.	Exp (B)	B	S.E.	Exp (B)
閾 値	反 対	−1.381**	0.504	0.251	−1.541**	0.676	0.214	0.676	1.207	1.966
	中 間	0.205	0.500	1.227	0.301	0.671	1.351	1.869	1.215	6.484
地 域	A地区（ref：B地区）	−0.096	0.151	0.908	−0.226	0.191	0.798	0.630	0.318	1.877
年 齢	若 年	0.172	0.236	1.187	0.077	0.295	1.080	0.143	0.396	1.154
	壮 年（ref）									
	中高年	−0.120	0.193	0.887	−0.552	0.238	0.576	0.308	0.448	1.360
性 別	女性（ref：男性）	−0.152	0.176	0.859	0.246	0.227	1.278	−0.153	0.363	0.858
家族形態	単 身	0.135	0.295	1.144	0.155	0.401	1.168	0.604	0.600	1.829
	夫婦のみ	−0.248	0.216	0.781	−0.067	0.285	0.935	−0.156	0.511	0.855
	本人未婚で核家族	−0.061	0.284	0.941	0.269	0.382	1.309	0.465	0.478	1.591
	本人既婚で核家族（ref）									
	三世代家族	0.120	0.284	1.128	0.166	0.313	1.181	−0.932†	0.544	0.394
	片親家族	0.171	0.269	1.186	−0.097	0.349	0.908	1.636*	0.747	5.135
学 歴	中学校卒	0.167	0.229	1.181	0.489	0.306	1.631	0.007	0.565	1.007
	高校卒（ref）									
	専門・短大卒	0.082	0.210	1.085	0.269	0.254	1.308	0.573	0.424	1.773
	四大・大学院卒	0.021	0.208	1.021	0.361	0.256	1.435	0.628	0.391	1.874
雇用形態	経営者	−0.345	0.419	0.708	0.377	0.614	1.458	−1.998*	0.783	0.136
	正規雇用（ref）									
	非正規雇用	0.109	0.230	1.116	−0.085	0.291	0.919	−0.467	0.487	0.627
	自営・家族従業者	−0.392	0.278	0.675	0.295	0.311	1.343	0.126	0.482	1.134
	無 職	0.039	0.257	1.040	−0.456	0.297	0.634	−0.069	0.556	0.933
	学生・その他	−0.088	0.473	0.915	0.272	0.806	1.312	−0.824	0.625	0.439
生活困窮	滞納得点	0.071	0.065	1.074	0.167	0.113	1.182	−0.087	0.159	0.917
世帯所得	300万円未満	0.010	0.250	1.010	0.256	0.327	1.292	−0.037	0.495	0.964
	300～500万円未満	0.258	0.212	1.294	0.037	0.267	1.038	−0.152	0.458	0.859
	500～700万円未満（ref）									
	700万円以上	−0.255	0.231	0.775	−0.482†	0.266	0.618	−0.482	0.414	0.617
格差拡大の認識		0.236†	0.136	1.266	0.005	0.216	1.005	0.155	0.319	1.167
N		683			427			176		
Cox と Snell R^2		0.034			0.071			0.140		
Nagelkerke R^2		0.039			0.081			0.158		
McFadden R^2		0.017			0.035			0.070		

Note：** $p<0.01$、* $p<0.05$、† $p<0.10$

間」がそれぞれ3割程度、「反対」が4割程度となっている。このように、負の所得税においても、リベラル派ほど賛成し、保守派では賛成が少なくなることが特徴である。

ベーシック・インカムについての分析（**表3**）と同様に、保守派、中間派、リベラル派に分けた上で、負の所得税の支持に対する順序ロジスティック回帰分析を行ったものが**表4**である。

分析の結果、リベラル派では有意となる変数がほとんどなくなった。影響を及ぼす変数がないということである。このことは、負の所得税に対する賛否の傾向に対して、社会経済的地位などの属性による対立が少ない傾向にあると解釈できる。

一方、保守派の中では経営者が有意にマイナスの値である。理論的には、労働者を解雇しやすくなるという点は、経営者にとっての利点になると考えられたが、結果は逆であった。今回用いた調査では零細企業や中小企業の経営者が一定の割合で標本として存在しており、生活給の必要性がなければ被用者を継続して雇うことが難しいと感じられるのかもしれない。そのほか、学歴や滞納得点、世帯所得などの社会経済的地位に関する変数では、基準となる変数と比べて有意な違いは見られない。保守派でもリベラル派と同様に、負の所得税に対する支持において、社会経済的地位に基づく対立は生じにくいといえる。

日本における支持構造

日本におけるベーシック・インカムの支持構造

本章では、ベーシック・インカムを支持するのはどういった条件によるのかについて、質問表調査を用いて分析を行った。ベーシック・インカムの支持構造についての分析の結果、①ベーシック・インカムは、保守派よりもリベラル派に支持される傾向が強いこと、その一方で、②格差拡大に対する認識の効果は限定的であること、さらに、③保守派・リベラル派ともに社会経済的地位の低い人ほど支持すること、④負の所得税の支持構造は、ベーシック・インカムと類似しているものの、負の所得税の方が属性ごとの違いが明確ではないことが示された。

このように、保守派・リベラル派のどちらの政治的態度の人においても社会経済的地位が低いほどベーシック・インカムを支持しやすいという傾向が見られたが、その根拠は異なるものと考えられる。まず、保守派における支持構造について考察しよう。保守的な人の中では、社会経済的地位のうち、貧困状態にある人ほどベーシック・インカムに賛成する傾向がみられた。低い経済階層で保守的な人は、競争的な市場によって社会全体の豊かさが底上げされ、その恩恵として自分たちの生活が改善されることを望むトリクルダウン志向があるとされている（Harvey 2005＝2007）。保守派で低い経済階層の人にとっては、ベーシック・インカムとは社会全体の経済状況を底上げするとともに、その政策以上の介入をしないものとして受け容れられると考えられるのである。

次に、リベラル派における支持構造について考察しよう。リベラル派の中では、格差の拡大に対する認識はこの制度に対する支持に影響しないが、学歴や世帯所得などの社会経済的地位によって支持の傾向が異なり、社会経済的地位の違いによって意見が対立しやすい。リベラル派ではすべての人々が基本的なニーズを満たすことを重視するが、政府による支援の対象になりにくい。やや低い経済階層の人は、それがおびやかされていると感じるために、ベーシック・インカムを支持するのかもしれない。

ベーシック・インカムの実現に向けて

このように、ベーシック・インカムをめぐる政治的態度と社会経済的地位に分けた分析をふまえて、ベーシック・インカムの実現可能性について論じておこう。本章の分析から、ベーシック・インカムは、現状の社会経済的地位の違いによる対立が生じやすいが、負の所得税では社会経済的地位を基盤とするような顕著な対立はみられなかった。さらに、ベーシック・インカムと負の所得税とを比較すると、負の所得税の方がおおむねどのような属性であっても支持する人の割合が高い。以上の結果より広く賛同を得るという点では、労働倫理と対立しない負の所得税の方が賛同を得られやすいといえる。そのため、完全なベーシック・インカムに至る道の一つは、部分的ベーシック・インカムとしてまずは負の所得税の導入からはじめることであろう。

ただし注意したいのは、負の所得税に対しては保守派のなかで経営者（雇用主）は否定的な意見をもつ傾向があることである。彼らにとってベーシック・インカムの利点のひとつは、被用者の解雇のしやすさであると考えられるが、経営者でむしろこの制度に反対する傾向がみられた。その理由として、対象となった経営者の多くは零細企業や中小企業を経営しており、労働者の確保に苦労してきたことや、日本では中長期的な人材育成制度を取ることから、転職を早めるベーシック・インカムには賛成しないことが考えられる。このような経営者像が正しいものかどうかは現時点では断定できないが、低賃金労働者、零細企業や中小企業を含めた産業構造全体への影響を念頭に置いてベーシック・インカムの議論を行うことが必要となるだろう。

また、ベーシック・インカムや負の所得税を実施するにあたりしばしば問題となる財源についても触れておくことにしよう[14]。ベーシック・インカムに賛成している人に、どのような財源が望ましいと考えるのかについて尋ねたところ、所得税とする者が33・1％、消費税とする者が33・3％、その他の税とする者が33・6％と見事に三分する結果となった（N＝363）。この結果はベーシック・インカムの財源として尋ねたものであるが、ベーシック・インカムを支持する人のなかには負の所得税に賛成する人も少なくないことから、負の所得税を支持する者についても、比較的類似する傾向があると考えられる。

さらに興味深いことに、望ましい財源の種類は学歴によって異なっていた（**図5**）[15]。大卒（専門学校・短大・大学院含む）では約4割の者が所得税を望ましいとしており、高卒（中学校含む）に比べ

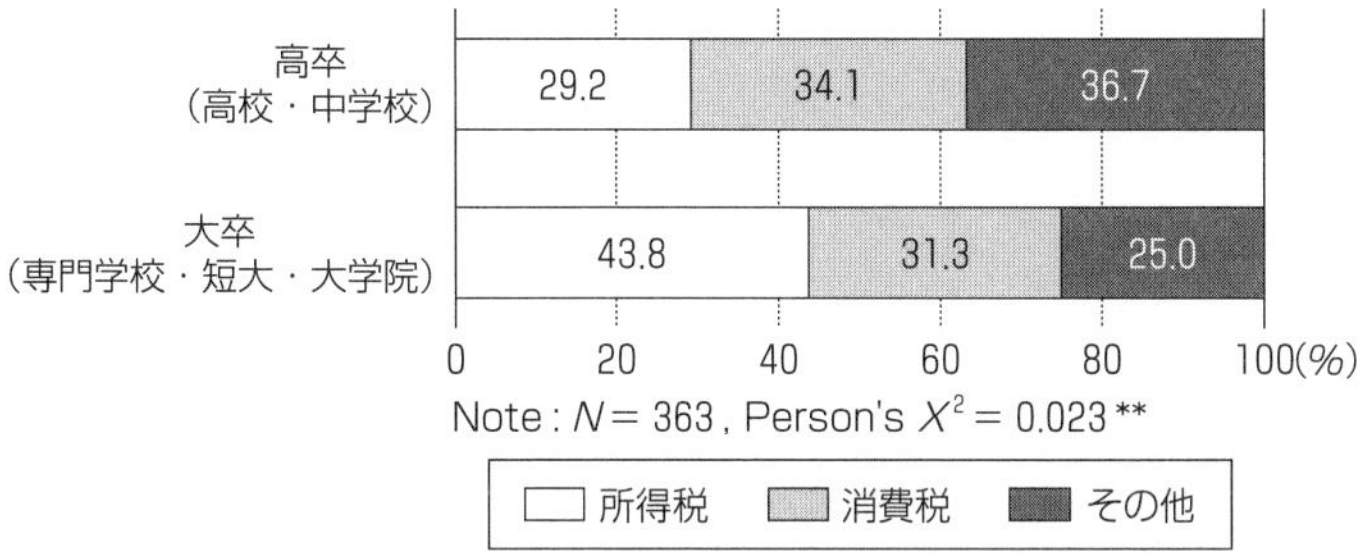

図5　ベーシック・インカムを実現するための財源の種類

て多い。高い経済階層の者が多い高学歴層であっても、所得が保障されるのであれば所得税への課税にはそれほど否定的ではないようである。今後の検討が必要であるが、この理由には、高学歴者でも失業や転職と無縁ではなく、所得によるセーフティーネットを望んでいることなどが考えられる。

最後に、ベーシック・インカムを実現するにあたっては負の所得税などの段階的導入が現実的であろうが、負の所得税に対してさえ明確に「賛成」と表明している者は5割に満たない。雇用と家族による福祉制度はこれまでの日本経済を上手く支えてきたということもあり、さらにこの制度から排除された経験のない多くの人にとっては、その制度を変える必要性を感じないかもしれない。あるいは、福祉制度の問題について、ワーキング・プアを生み出す低い最低賃金水準の見直し、生活保護を受けるための条件の縮小、シングルマザーや子どもの貧困に対する特別な措置などによって解決が可能であると考えているのかもしれない。ベーシック・インカムと他の福祉制度改革とを比較し、人々がどのような福祉制度改革を受け入れられるのかについては今後の検討が必要となるだろう。

注

（1） フィッツパトリックは、市民としての自由とそれに対する政府の役割という観点から、「急進右派」「福祉集合主義」「社会主義」の三つの立場を取り上げている。本章は、「急進右派」に当たるものを「保守派」、「福祉集合主義」に当たるものを「リベラル派」と定義する。「社会主義」については、生産手段の所有という点でさらに別の議論を必要とするため、今回は扱わないこととした。

（2） 日本では、「小さな政府」を掲げる「みんなの党」がミニマム・インカムという最低所得保障政策を挙げていることや（http://www.your-party.jp/　２０１１年1月20日アクセス）、堀江貴文氏が自身のブログ上でベーシック・インカムに理解を示したことが知られている（朝日新聞「週末 be」２００９年9月12日）。政府の介入を嫌う保守的な立場をとる者がベーシック・インカムを支持している例であろう。

（3） ただし、市場の機能を軽視しているわけではない（Fitzpatric 1999=2005）。

（4） 男性にも非正規雇用者が増加することで、この問題が社会問題として取り上げられるようになったが、その動向への批判は伊田久美子（２００９）などを参照のこと。

（5） ベーシック・インカムは一般的にそれほど知られている制度とは言い難い。例えば、「聞蔵Ⅱビジュアル・フォーライブラリー」（１９８5年以降の『朝日新聞』『週刊朝日』『ＡＥＲＡ』所蔵のデータベース）で過去に掲載された記事のなかに、「ベーシック・インカム」の語を含むものは、シンポジウムの告知などを含めてもわずか24件（２０１０年1月20日現在）にとどまる。

（6） 山森亮（２００９：２０２）や小沢修司（２００８：２０７）によると、負の所得税は部分的ベーシック・インカムとみなすことが可能であるという。なお、高齢者向けや子ども向けベーシック・インカムのように属性で限定することによる部分的ベーシック・インカムもある（たとえば、橘木２００５）。ただし、こちらは「一人前」として働くことが出来ないという理由による。本章では、働けるのならば働くべきであるとする勤労倫理との齟齬を考慮するために、勤労世代も給付の対象としている負の所得税を取り上げる。

（7）分析にあたって、世帯年収を世帯構成人数で除したもの、世帯構成人数の平方根で除したものなどを用いて検討したが、結果には違いがみられなかったので、ここでは直感的に理解しやすい世帯年収の実数を用いた。

（8）ただし、この指標は住む家がなくそれゆえに公共料金を支払うことがない人は含まれていないという点で限界が認められよう。

（9）武川（2006）など参照のこと。

（10）表1には、単身者を高齢単身者と壮年・若年単身者に分けたもの、片親家族を母子家庭と父子家庭に分けたものを記載している。高齢単身者および父子家庭の者のサンプル数が少なく、多変量解析には適さなかった。

（11）パート、アルバイト、契約社員、嘱託社員、派遣社員、臨時雇用、内職、在宅ワークを「非正規雇用」とした。

（12）なお重回帰分析でも検討したが基本的な構造は共通していることが確認された。

（13）ただし、研究者によっても緊急の格差是正手段とは見なされていない。

（14）財源の確保の可能性については、小沢修司（2002）が試算をしており、制度改革の詳細はそちらを参照されたい。

（15）なお、政治的態度別や雇用形態別など、他の変数についても検討したが、望ましい財源には違いは見られなかった。

参考文献

伊田久美子（2009）「「労働力の女性化」から「労働の女性化」へ——愛の労働のゆくえ」『現代思想』37

（2）、pp. 236-245。
伊多波良雄・塩津ゆかり（2011）『貧困と社会保障制度——ベーシック・インカムと負の所得税』晃洋書房。

小沢修司（2002）『福祉社会と社会保障改革——ベーシック・インカム構想の新地平』高菅出版。

小沢修司（2008）「日本におけるベーシック・インカムに至る道」武川正吾編『シティズンシップとベーシック・インカムの可能性』法律文化社、pp. 194-215。

武川正吾（1999）『社会政策のなかの現代——福祉国家と福祉社会』東京大学出版会。

武川正吾（2006）「福祉国家を支える価値意識」武川正吾編『福祉社会の価値意識——社会政策と社会意識の計量分析』東京大学出版会、pp. 185-206。

武川正吾編（2008）『シティズンシップとベーシック・インカムの可能性』法律文化社。

橘木俊詔（2005）『消費税15%による年金改革』東洋経済新報社。

土場学（2008）「現代日本における格差意識の構造」土場学編『2005年SSM調査シリーズ7　公共性と格差』2005年、SSM調査研究会、pp. 233-266。

山森亮（2009）『ベーシック・インカム入門——無条件給付の基本所得を考える』光文社。

Fitzpatric, Tony（1999）*Freedom and Security*, Palgrave Publishers Ltd.（武川正吾・菊池英明訳『自由と保障——ベーシック・インカム論争』勁草書房、2005年）

Harvey, David（2005）*A Brief History of Neoliberalism*, Oxford University Press.（渡辺治監訳、森田成也・木下ちがや・大屋定晴・中村好孝訳『新自由主義——その歴史的展開と現在』作品社、2007年）

8　働ける人、高額所得者にも支給する違和感

働いている人にも働かない人にも、国民一人ひとりに一定額の所得を給付するというベーシック・インカム構想は、世の中から貧困を撲滅するという理想に燃えた思想である。その理念には共感するが、現実に応用するにはさまざまな課題がありそうだ。いくつかを素朴な疑問として提出してみたい。

働かない人には三つのグループがある。一つは、引退した高齢者を含めて働く意思のない人（あるいは働けない人）であり、二つ目はそもそも働く意思のない人である。三つ目は、失業者のように働く意思があるにもかかわらず、たまたま職がない人で、一時的に働いていない人である。

ベーシック・インカムの支給対象は、ここで述べた三つのグループの人に加えて、四つ目のグループとして現実に働いている人がいる。第一と第三の働かない人への支給に対しては、容認する意見があるだろうが、問題は第二の働く意思のない人と、第四の働いている人への支給には、感情論

としての抵抗感があるのではないだろうか。

まずは働く意思がない人を考えてみよう。象徴例として、海岸で毎日サーフィンを楽しむ人への支給がなされたとき、この人は全く働かなくなる可能性がある。政府から食べていけるだけの所得支給があるなら、このサーファーは多分働かないだろう。政府が支給するベーシック・インカムの所得の財源は働く人が拠出する税金なのだから、働いて税金を納める人からすると働かないサーファーに対して、大きなわだかまりを感じるのではないだろうか。

議論になるのは専業主婦への支給である。自分から働かないことを選択した既婚女性だから、サーファーへの支給と同じ感情が向けられるかもしれない。しかし、専業主婦は家事・育児の労働をしているし、社会で容認された生き方の一つでもあるので、サーファーへの支給ほどの抵抗感はないと思われる。専業主婦はさまざまな角度から議論できるので、ここでは多様な意見があるという指摘だけにとどめておく。

労働意欲を阻害

これまで述べたことを経済学の見地から評価すると、ベーシック・インカムは働かない人の数を増加させたり、現在働いている人の勤労意欲を阻害する可能性が高いということになる。少子・高齢化の時代に入り、将来には労働力不足が予想されるなか、経済成長に負の効果を生じそうである。いわば経済活性化に悪影響を及ぼしかねないのがベーシック・インカムである。

次は働く人への支給、特に高額所得者への支給をどう考えるかである。ワーキング・プアに対しての支給ならまだしも、年収が例えば1億円を超す人にも支給されることになる。月額5万～15万円程度の支給が高額所得者にどれだけの意味があるか、という素朴な疑問がある。

高額所得者にとっては恩恵がほとんどない支給であるし、財源を負担する多くの中間所得者層にもわだかまりの残る制度と言える。高額所得者には受給辞退という選択の道を与えることも考えられる。しかしながらこれは国民全員への支給というベーシック・インカムの原則論から離れることになるので、解決せねばならない課題である。

巨額の税負担

ここでベーシック・インカムを支給する財源について考えてみよう。これは国民への課税による財源調達でなされるが、巨額にならざるをえないことは確実である。当然のことながら月額どれだけ支給するかによって財源調達額はかなり異なるが、小沢修司・京都府立大学教授の試算では、月8万円の支給なら、所得税率が45％でベーシック・インカム制度は機能するとされている。英国での推計によると、英国人の平均所得の3分の1の支給額を想定すれば、所得税率は68～86％にならざるをえないとされる。

これだけの大きな税負担を日本人が受け入れるかどうか疑問がある。２０１０年7月の参議院選挙の結果からも、消費税率を5％から10％に上げるという案に対してさえ、国民はまだ賛意を示していなかったと言える。

社会保障の充実のため消費税には、拒否反応が徐々に弱まっているが、働こうとしない人や高額所得者への支給を前提にするベーシック・インカムのための増税にまで、日本人が賛成するとは思えない。自分と関係ない他人で、しかも考えようによってはムダな支給になりかねないような増税策にまで、国民が同意するようになるには、ベーシック・インカム推進派の人々は、積極的な啓蒙運動をする必要があるだろう。

財源の調達のついでに言えば、このような高い税率で国民に負担を強いれば、働いている人の労働意欲や貯蓄意欲にマイナス効果の及ぶ可能性がある。労働力と資本蓄積に負の効果があるので、経済成長に対して悪影響が生じるのである。

もともと私は平均的な日本人にあっては、このような税負担による労働意欲や貯蓄意欲への効果は非常に小さいと判断していたし、統計もそれを示していた。しかしベーシック・インカム構想の実現のために、非常に高い税率を課すようになれば、平均的な日本人ですら労働、貯蓄意欲を低下させる可能性があると予想できる。

社会保障の充実がより有効

ここで貧困撲滅のためのベーシック・インカムと、社会保障政策の一つである生活保護制度との比較をしておこう。

両方とも国民から徴収する税金によって財源調達されるので、共通の特性をもった制度と言ってよい。しかし給付側に注目すると、ベーシック・インカムは国民全員に支給するのに対して、生活保護は貧困で苦しんでいる人だけに支給されるので大きく異なる。

生活保護は言わば助けを必要とする人だけを抽出する制度であり、支給される人数がはるかに少ないので支給総額は少なくて済む。ところが生活保護制度では誰が貧困者であるかを認定するのに手間と人数が必要となり、そのための費用も多額になる。さらに不正受給や、支給を受ける人のスティグマ（屈辱の意識）なども無視できない。

一方、ベーシック・インカムは全員に支給するので、このような管理費用は少なくてすむし、関係者の苦痛も小さいメリットを、ベーシック・インカム論者は主張する。

私自身もこのメリットに賛成する。しかし私見では、そもそも貧困者の数をベーシック・インカムや生活保護ではなく、他の社会保障制度の活用で削減する政策の方がより効率的と考える。

例えば、私が自著『消費税15％による年金改革』（東洋経済新報社、２００５年）、『日本の貧困研究』（浦川邦夫との共著、東京大学出版会、２００６年）で示したように、数の多い高齢者の貧困をなくすためには、すべての高齢者夫婦に月額17万円（単身者は9万円）の基礎年金を支給し、その財源として消費税を10％上げる（つまり15％にする）ことで実現できる。これは所得税率の大幅アップよりも負担が少なくて済む。この方がマクロ経済への影響が小さいので、経済の効率上も有効だ。医療、介護、失業、子ども手当などの社会保障制度にも同様のことが言える。

これらすべての社会保障支出の財源を用意しようとすれば、消費税で20％を超える税率が必要である。ヨーロッパの福祉国家では消費税率は20％を超えており、日本でも国民が合意すれば不可能な率ではない。ベーシック・インカムを主張する人は、奇妙なことにあるいは偶然か、思想として右派（新自由主義）と左派（マルクス主義）の人がけっこう多い。私のような中間派的な福祉国家論者はベーシック・インカム論に懐疑的であるのは興味深い。

私の主張は次のようにまとめられる。

ベーシック・インカムの給付を、働くことができない高齢者と子どもに限定すれば、その精神を生かせるのではないか。その具体的な方法は、基礎年金と子ども手当の支給で代表される。こうした給付方法をベーシック・インカムと認めるかどうかは、論者によって異なるだろう。だがこうすれば、これまで述べてきたベーシック・インカム構想の諸々の欠点はかなり緩和される。ベーシック・インカム論者の反応に期待したい。

第Ⅲ部　教　育

1　親が貧しいと子どもの進学が不利になる

安倍内閣は教育改革に熱心に取り組んでいるが、主たる関心は教育委員会をどうするかといった教育行政の問題や、道徳教育の導入といったことにあり、日本の教育問題に関する重要問題に取り組む姿勢が弱いと思われる。本章ではそれら重要な問題が何であるかを中心にして論議してみたい。

貧富の格差が一層進展、「機会平等」の原理を

格差社会に入った日本において、所得・資産の分配が不平等化している状況に対しては、国民の間に二つの異なった判断がある。

一つは、所得の格差が大きくなるのは、本人の能力や努力によって生じた結果なので、経済の効率性を重視する立場からすると、当然のことであるとする見方。もう一方は、貧富の格差の大きいことは公平性の観点から好ましいことではなく、できれば結果の格差は小さい方がよいとする見方である。

この両者の見方は鋭く対立しているが、双方から支持されている主義なり思想がある。それは「機会平等」の原則である。人々が経済活動をする前のスタート時点では皆が平等に機会が与えられるべきとする思想である。やさしく言えば、全員が「ヨーイ・ドン」で働き始めて、その後に生じる所得・資産といった結果の格差は本人の仕事振り（それは能力や努力）の差によるものなので、問題はないと考えるのである。

家庭の年収レベルで大学進学率に大きな差

この「機会平等」の原理に反対する人はほとんどいないと思われるが、日本ではこの原理がまだ充分に達成されていないことを示すことが本章の目的である。その代表分野が教育の機会平等であり、その一つの例が親の経済状況による進学率の差である。

その現象を統計で確認しておこう。**図1**は、全国の高校3年生4000人について、家計所得と進学・就職の関係を示したものである。これによると、年収200万円未満の家庭の大学進学率は28・2％、600万〜800万円未満で49・4％、1200万円超で62・8％と、親の年収の差によって30ポイント以上の大きな違いが出る結果となっている。

また、**図2**を見ると、国公立大学の進学率はどの階層も10％前後なので、年収による差がほとんどないことがわかる。一方、私立大学では、200万円未満が17・6％、600万〜800万円未

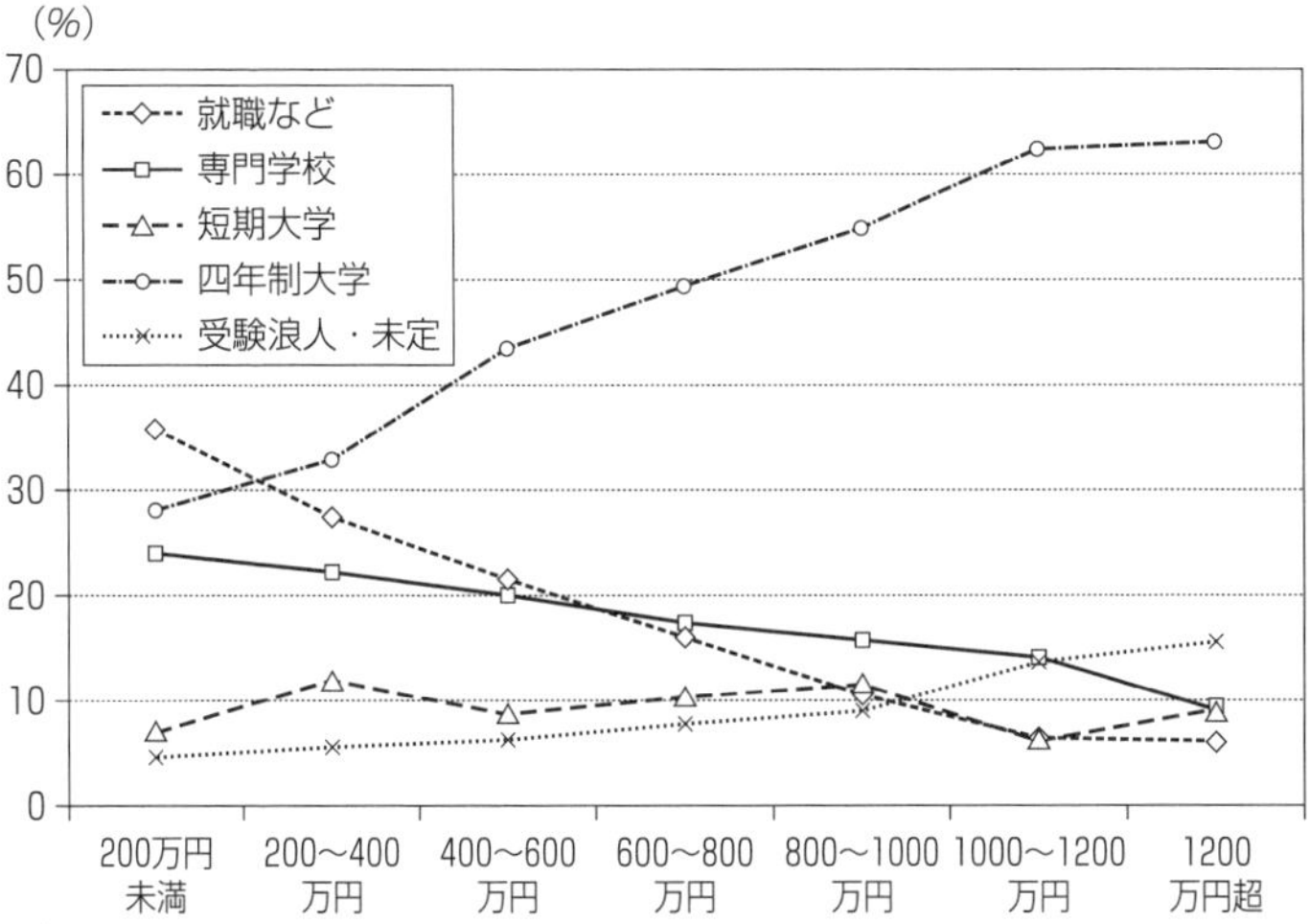

図１　両親年収別の高校卒業後の進路

日本全国から無作為に選ばれた高校３年生4000人とその保護者4000人が調査対象。両親年収は、父母それぞれの税込年収に中央値を割り当て（例：「500万～700万円未満」なら600万円）、合計したもの。無回答を除く。「就職など」には就職進学、アルバイト、海外の大学・学校、家事手伝い・主婦、その他を含む。

出所：東京大学大学院研究科大学経営・政策研究センター「高校生の進路と親の年収の関連について」(2009年７月)

満で36・8％、1200万円超で50・5％と、国立大学よりも受ける影響が大きい。

親の経済状況は、子どもの大学進学に大きく関わっていることに加え、国公立大学と私立大学のどちらに進学するかにも影響を及ぼしていることがわかる。

戦前の日本では、旧制中学から旧制高校を経て、帝国大学に進学できたのは、経済的にも恵まれたごく一部の人間だけだった。大半の人間は大学には行けなかったし、また行く必要も感じていなかった。帝国大学への進学コースは、その後さまざまな分野で活躍するリーダーを育てるためのエリート養成プログラムだっ

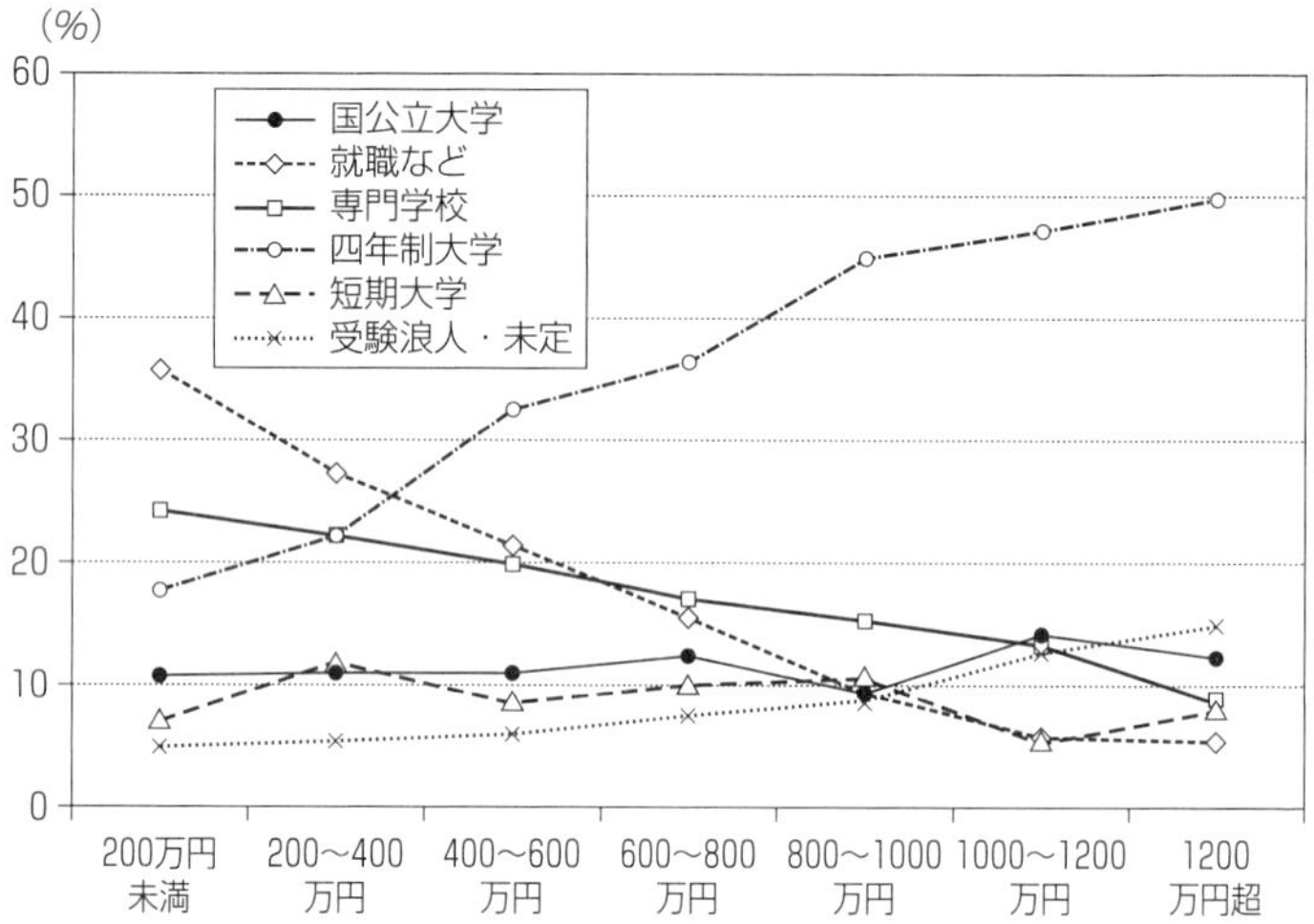

図２　国公立大学の進学率はどの階層も10％前後

東京大学大学院研究科大学経営・政策研究センター「高校生の進路と親の年収の関連について」（2009年７月）

た。

終戦後、その価値観が転換する。一部のエリートのためだけの教育ではなく、広く国民全体がその恩恵を受けられるようにして、全体的な教育水準を高めるべきだとの方向に舵を切ったのである。こうして、戦後は一般家庭からであっても、子どもが望んで、努力すれば、高い教育を受けることが可能になった。

国の財政事情の悪化で、授業料など教育費高騰

しかし、高度経済成長が終わる頃から、そのような状況が崩れ、教育を受ける機会の不均等が拡大している。その大きな理由に挙げられるのが、教育費の高騰である。

戦後から高度経済成長期あたりまでは、高校や大学の授業料も、それに付随する教育費もかなり低く抑えられていた。そして塾などの学校外教育も現在ほど盛んではなかった。そのため、所得の低い家庭であっても、奨学金制度の支援などがあったし、各家庭の努力もあって子どもの教育費を出すことができたのである。

ところが、高度経済成長を経て日本社会が豊かになり、家計所得が高くなったことにより、大学進学率が右肩上がりに上昇していくと事情が変化してくる。大学に通うといっても、国公立と私立ではかかるお金がかなり違う。

授業料で比べても、1959年に国立大学で年額9000円、私立大学で2万8641円で約3倍の差があったのが、10年後の1969年には、国立大学で年額1万2000円に対して私立大学が8万4048円と、約7倍に拡大している。

国立大学の学生だけが、優遇されすぎなのではないかという不公平感が世の中に生まれてきたのである。また、国立大学で良質の教育を受けられる学生には、それ相応の自己負担を求めるべきではないかという見方が強まってきた。これは、それまで公共財的に考えられてきた国立大学の教育に、もっと私的財の要素を加味すべきだと判断されるようになったと言える。

さらに、1965年に戦後初めて赤字国債が発行されるなど、国家財政が緊迫しはじめ、財政支出を抑制する政策がとられるようになり、国家による教育費支出の抑制が進んだことも背景として挙げられるだろう。

そこで、国公立大学に通う学生にも相応の学費負担を求めるという流れになり、1970年代後半から急激に国公立大学の授業料や入学金がアップしはじめる。現代では国立大学の授業料は年額50万円を超しており、他の品目の価格上昇率よりもはるかに高かったのである。一方で、私立大学への私学助成金制度が導入され、それが充実されるようになったので、私立大学の授業料や入学金のアップは抑制された。現在では国立・私立の授業料の格差は1・5倍から3・0倍あたりまで縮小している。例外は医学部の学費で、国立と私立の格差は6〜10倍に達している。

現代において、教育機会の不均等の要因として特徴的になっていることをいちばんに挙げるとすれば、家計所得によって受けられる教育に質の格差があることであろう。

首都圏や関西圏では、有名私立大学が初等教育にも力を入れている。少人数クラスで非常に密度の高い教育が行われているし、外国人講師による英語教育があったりする。申し分のない学習環境で過ごせるわけだが、入学定員は限られている。また授業料も高額である。

小学生の子を持つ親は、まだ比較的若い世代だから、所得もそれほど高くなく、平均的な家庭ではこのような私立の小学校に子どもを通わせるのは難しい。必然的に、高所得者の家庭の子どもか、祖父母から経済支援の受けられる子どもに限られることになる。

子どもの学力が親の所得と相関

次に問題となるのは、中学受験である。主に大都市部ということになるかもしれないが、有名大学、難関大学への進学率が高い中高一貫校へわが子を入学させることが、小学生の子を持つ親の重

表1　世帯収入と子ども（小学6年生）の学力

世帯収入	正答率（%）	
	国語A	算数A
200万円未満	56.5	62.9
～ 300万円	59.9	66.4
～ 400万円	62.8	67.7
～ 500万円	64.7	70.6
～ 600万円	65.2	70.8
～ 700万円	69.3	74.8
～ 800万円	71.3	76.6
～ 900万円	73.4	78.3
～1000万円	72.8	79.1
～1200万円	75.6	81.2
～1500万円	78.7	82.8
1500万円以上	77.3	82.5
平　均	69.4	74.8

出所：文部科学省調査

大な関心事になっている。

そのために盛況を示しているのが学習塾である。塾に通わせれば、毎月数万円、高いケースでは十数万円の費用が必要になる。ある程度経済的に余裕のある家庭でないと、厳しい額である。ましてや、所得が平均以下の家庭だと、子どもを塾に通わせることは難しい。親の所得によって受けられる教育に格差が生じるのは明らかで、教育機会が均等とは言えない。塾や家庭教師に頼る教育制度は、学校外教育が繁栄することを意味し、国が教育せずにそれを私的な家庭に押し付けている、との解釈が可能なのである。

実際、親の所得と子どもの学力との相関関係を調査したデータがある。**表**

1は、世帯収入の水準によって、子どもがどれだけ問題に正答できたかを示したものである。文部科学省が全国の小学6年生と中学3年生全員を対象に実施した全国学力テスト（全国学力・学習状況調査）の２００８年の結果をもとに、小学6年生の国語と算数の正答率を表にまとめた。

これを見ると、親の収入が上がるにしたがって、子どもの学力がアップするということが、はっきりと表れている。たとえば、年収が１２００万円を超える家庭の子どもは、正答率が平均よりも７ポイント以上高い。逆に、年収２００万円未満の家庭の子どもは、平均よりも約12ポイント以上低い。

この傾向は、中学の国語・数学の正答率にも同じように表れているので、親の所得水準が子どもの学力に大きな影響を与えているのは確かである。

能力・努力・教育の質、複雑に絡み合う三要素

ここまでは親の所得の高低が、子どもの大学進学率に差を与え、子どもの小学校・中学校の学力差にもかなりの差を生じたことを示した。

子どもは親の所得水準を選べない。自己の責任外のことで自分の教育水準と学力が決まることを意味しているので、貧乏人の子どもには教育の機会が与えられていない、という解釈も可能である。一見そのように映るが、ことはそう単純ではない、ということを議論してみよう。

人々がどれだけの学業成績を収めて、どのような学校（どの学校の段階まで進学するのか、そして

名門校か非名門校か）にまで進学するかどうかは、次の三つの状況によって決定される。
（1）本人の生まれながらの能力・学力（つまり頭の良し悪しと言ってよい）
（2）本人がどれだけ勉強するか、という努力の状況
（3）小・中・高において学んだ学校の教育の質

特に日本のように学校の入学が学力試験という方法で選抜されている限りにおいては、この三つが重要である。もとより、私大医学部での入学、あるいはＡＯ入試、面接やスポーツ・芸術といった特殊な能力を考慮する場合には、三つの要因以外の条件が加味されるが、一般論としてはこれら三つが重要であるとみなしてよい。

本人の能力・学力はもっとも議論が困難な課題である。学校の成績がこれに依存することを否定する人はいないだろうが、なぜ親の所得と子どもの学力に相関があるのかを考えたときに、親子間で能力・学力が遺伝している可能性を示唆しているからである。

親の所得の高い人は、多分頭が良くてよい学校を出てからいい職に就いていて、所得が高いものと想像できる。その人の子どもは親の優秀なＤＮＡを遺伝として引き継いだ可能性があり、子どもの生まれつきの能力・学力も高い可能性がある。このＤＮＡの遺伝のことをどう評価するのか、そう容易なことではない。

論者によっては、例えば政治哲学者のジョン・ローマーによる『機会の平等理論』（１９９８年、未邦訳）によると、生まれつきの能力の良し悪しは本人の責任でないので、不運にも能力の低く生

まれた人に対しては社会でそれを補塡せねばならないと主張しているし、哲学者・竹内章郎は彼の『平等の哲学』（大月書店、２０１０年）で、生まれつきの能力は社会で共有すべし、と主張している。一方で、生まれつきの能力は「神の思し召し」という運で決まるので、どうこう処理できることではない、という主張もある。

　いろいろな思想・主張があってしかるべき題材なので、これ以上踏み込まないでおこう。私個人はローマーの主張に親近感があるので、次に述べるように、能力の劣る子どもには特別な教育を施すことがあってよい。

　むしろ解決可能なのは、本人がどれだけ勉強という努力をするか、という点である。学業成績は生まれつきの天才でない限り、本人の努力にかなり依存する。勉強を大いにすることによって成績は上がるし、それをしなければ成績の下がることは多くの人が認めるところである。親の所得と子どもの学力に正の相関のあること、つまり親が経済的に裕福な子どもはよく勉強し、裕福でない子どもは勉強しないからだ、という仮説は正しいと思われる。

　なぜそうなのだろうか。

　第一に、「努力する」という生まれつきの能力が背後にあって、それが既に述べたことと同じ理由で、意外と親から子に遺伝しているかもしれない。

　第二に、親の学歴が高く職業も良ければ、勉強することの大切さを思う雰囲気が家庭内で蔓延している可能性が高い。すなわち、親子ともども教育へのこだわりがあって、良い職・高い収入を得るには勉強で努力して良い学校に行かねばならないと思っているのである。子どもを塾に通わせる経済的な余裕もある。一方で家計所得の低い家庭にあっては、親は働いて所得を稼ぐことに精一杯で、子どもの教育に熱心になる余裕がないか、関心も高くない可能性がある。

もし第二で述べたことが事実なら、考えられる政策はありうる。例えば貧困家庭で育って、勉強の意欲が低い成績の悪い子どもを集めて、学校で補習授業を行うとか、補助金を支払ってそういう子どもが塾に通うことができるようにする、といった政策が浮かぶ。これらの政策を具体的に実施に移すには、多くのことをせねばならないので、ここではこれ以上述べないでおく。

最後の学校の質に関しては、生まれつきの能力、そして勉強という努力、そして家計所得という条件がそろうことによって、子どもがどの学校（特に高校の段階）に進学するのかが決まり、教育効率の高い学校に進学した子どもが質の高い教育を受けた結果、名門大学に進学できる可能性が高まるのである。名門大学に進学できれば、その後の人生を有利に運べる可能性の高まるのが、日本における学歴社会である。学歴社会の程度が弱まりつつあるというのが著者の見解であるが、まだ残っていることも事実であり、受験戦争を説明する一つの理由である。

以上をまとめると、親の所得の多寡だけが子どもの教育の機会平等を阻害しているとは言えず、生まれつきの能力・学力や勉強をどれだけするかという努力の問題がここで複雑に絡んでいることを無視できない。しかしながら、これらの問題を割り引いたとしても、親の所得の高低が、子どもがどれだけの教育を受けることができるのか、に対して究極の遠因として影響力のあることは否定

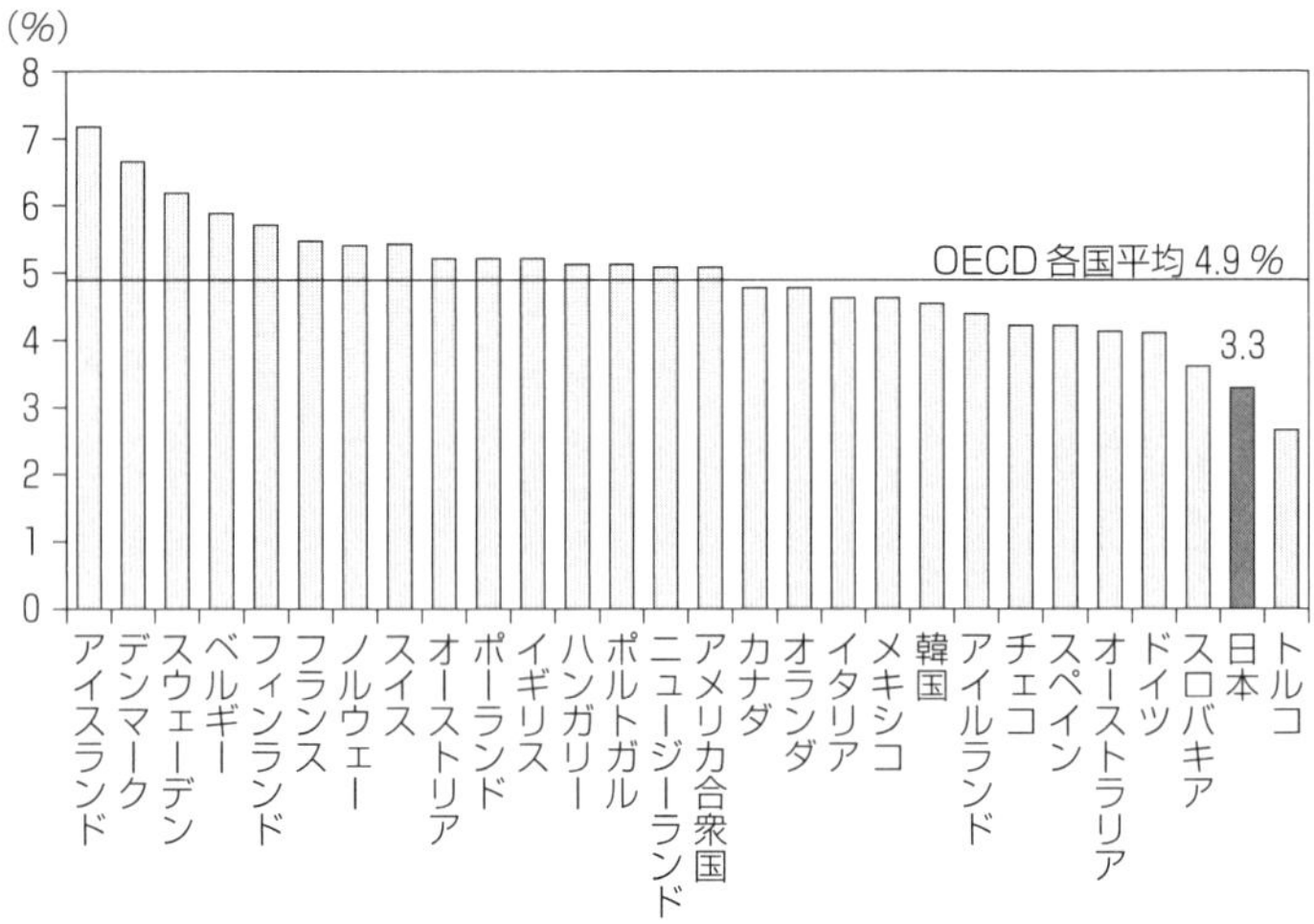

図3　教育機関への公財政支出の対 GDP 比（2006年）

出所：OECD, Education at a Glance 2009

できない。

公教育への支出増やせ

　では教育の機会平等を達成するにはどうしたらいいのであろうか。第一に、日本では教育費の負担を家計に押し付けていて、公費での負担が少ないのが現状である。**図3**が示すように、国家の公教育支出額が対GDPに占める比率は先進国中で最低水準にある日本の現状が、そのことを物語っている。国は負担せず、家計が教育費を負担している現状を打破する必要がある。

　第二に、受験戦争の激しい中で塾や家庭教師といった学校外教育が、日本の教育界を特色づけている制度である。学校内の教育だけで生徒の学力を高める、という制度に変化させることを、本格的に検討する必要がある。学校外教育を受けることができるかどうかが、教育の機会平等の程度を決める要因になっているので、そのことが重要な鍵となっている。

第三に、第二のことの延長として、学校における教育をもっと充実させる案が考えられる。すぐに思いつく案は、生徒・学生を習熟度別にクラス分けして、出来る生徒と出来ない生徒にふさわしい教育を行うことである。特に私は、出来ない生徒に対して、先生を多く配置するとかして、徹底的に学力を上げるようにする案を好むものである。

習熟度別に教育を行うことは、生徒・学生を差別して扱うことになるとして、日本では反対論が根強い。しかしそうすることによって、学力の劣る生徒・学生の学力や質が高まるのなら、結局は本人のためになると思われるのだが、教育界のみならずそういう生徒・学生を持つ親からも子どもに劣等感を与えるのでよくない、との感情論がある。習熟度別クラス分けに替わるものとして、飛び級や留年制度があるが、これの方が日本では抵抗感が強い。

第四に、習熟度別クラスが無理なら、一学級あたりの生徒・学生数を少人数にする案がありうる。一人の先生の担当する生徒・学生数が少ないのなら、出来る生徒と出来ない生徒の双方にキメの細かい教育・指導が可能となるからである。そのときは教師自らが双方の生徒の学力が高まるようにせねばならないので、先生の質が確かでないといけないし、教育方法にも工夫が必要である。もとより少人数教育を実施するには、先生の数や教室の数の増加が必要なので、国の教育支出額を増大せねばならないことは言を要しない。

教育は「公共財」の認識を高めたい

これまで重ねて国が教育費支出を増やす必要があると主張してきたが、ではなぜ国はそうしてこなかったのかを最後に述べておこう。

その答えは、日本では教育は「私的財」との認識が強く、教育を受けて利益を得るのは本人なので、その負担は本人（あるいは家族）がすべしとの判断があることによる。日本人の教育水準が高まることによって、社会全体が利益を得るという「公共財」との認識が弱いので、国の教育費支出は少なくてよいと理解されている。

教育は「公共財」であるとの認識が高まることを希望するし、これまで繰り返し強調してきたように、教育の機会平等を達成するには教育費の負担を家計に押し付けずに、公費での負担割合を高める必要がある、と国民が認識するようになってほしい。

このためには、教育界全体として主張する必要があるし、マスコミなどでもそのことを後押しする姿勢が期待される。

教育制度改革に必要な「政治中立」の確保

最後に、簡単に現今の教育改革に関する私見を述べて本章を終えたい。

第一に、教育委員会制度改革の一環として、地方公共団体の首長の権限を高めることが企画されている。そうすると時の首長の政治思想が反映されることとなり、右にしろ左にしろ、あるいはタカ派にしろハト派にしろ、政権交代によって教育界が揺れる可能性を高める。政治とは中立の世界の人の意向も教育行政に反映させられるような手立てが必要である。

第二に、道徳教育を教科の一つにして、学科試験までも行うことが計画されそうである。これも左右、タカ・ハトのどちらかの思想にくみする試験答案が首長の意向によって優遇される可能性を秘めており、好ましくない。そもそも道徳とはいろいろな道徳思想を教えるだけにとどめて、最終的には生徒の判断に任せるべきものである。

第三に、高校で日本史を必修にする計画がある。現在は世界史が必修なので日本史を知ることも同等に大切という精神はわかる。しかし、世界史・日本史を必修にすれば、他の科目の地理や公民を選択しない人が増加する。どれも重要な科目、無視できないので、世界史・日本史をまとめて「歴史」として教える案も考えられる。

2　公的教育支出の増加と実務教育の充実を

日本の教育は深刻な問題を抱えている。例えば、学力の低下、不登校やいじめ・校内暴力、勉強しない生徒や学生、心の悩みに苦しむ教員、学校卒業後に仕事がないこと、ニート・フリーター問題など、枚挙にいとまがない。本章ではこれらの問題に具体的に対処する政策よりも、むしろこれらの問題を引き起こしている背後の要因に注目して、これにどう対応すればよいかを考えることが目的である。

公費による教育費支出が少ない

日本の教育を歴史的に見ると、教育は私的に行うもの、あるいは公共部門の関与は大きくなくてよい、という信念の下に行われてきた。このことは国や地方政府が教育から離れていたということを必ずしも意味しない。国立や公立学校の例で示されるように、国や地方公共団体は自ら進んで学校を設立してきたのであるから、教育のイニシアティブは国公立校に代表されるように、公共部門がとったのである。

しかし実際の運営となると、公共部門はさほど教育の支出をしていない。現在では公立の小学校、中学校という義務教育では確かに家庭負担は少ないが、高校や特に大学となると、家庭に多大の負担を強いている。大学生の7～8割は私立大学で占められているし、国公立大学であっても年間の授業料は50万円を超えており、アメリカを除くどの先進国の授業料よりも高くなっている。教育、特に高等教育は自己負担せよ、というのが日本の原則なのである。

大学の学費負担が家庭に押しつけられていれば、貧困家庭の子弟が大学に進学することは困難となる。わかりやすい例を示しておこう。２００９年の統計によると、高校3年生の親の年収が２００万円以下だと、大学に進学する生徒の比率は28・２％であるのに対して、それが１２００万円以上だと62・８％と高くなる。親の年収格差が子どもの大学進学率の格差に大きく寄与していることがわかる。親の経済力で大学進学率が決まる、といっても過言ではない。

多くの人は、教育を受ける機会は平等に与えられねばならない、という主義・思想に賛成するであろう。しかし現実は親の経済状況によっては一部の子どもが大学に進学できないのであるから、機会の平等はない、と言える。もとより大学に進学するには、本人の生まれつきの能力、どれだけ教育を受けたいかという本人と親の意欲、それに応じた本人の努力の程度、そして学校の教育の質などの影響を受けるので、必ずしも親の経済力だけで決まるのではない。しかし、もし親が貧乏であれば自分は大学に進学できないだろうからと、勉強意欲を若い頃に失う子どもがいるかもしれない。こういう場合であれば教育の機会平等は損なわれている、とみなせるのではないだろうか。

ではどうすればよいのだろうか。公費の教育費支出を増加させて、大学の授業料を低下させる方法がもっとも簡単にできる策である。40年以上前の日本の国立大学の授業料は年額1万2000円だった。授業料が安かったので、貧乏人の家庭の子弟であっても、大学進学は可能な時代が日本でもあったのである。国立大の授業料は消費者物価指数の上昇率よりも、十数倍も高い上昇率である。国は大学教育の負担を家庭に重くのしかかるような政策をとり続けたのである。

もとより現代では、18歳人口の半数を超える人が大学に進学する時代になっているので、この全員に授業料を安くさせるような政策をとれば、国の支出は大幅に増加せざるをえないし、現実にはムリな政策である。これを避けるには、大学生の人口が50%を超えるのは本当に望ましいことなのか、ということをここで考える必要もあるのではないだろうか。戦前の大学生のようにエリートをつくるだけの少人数教育に戻せとまでは言わないが、能力分布からしても大学教育に困難を感じる人への大学教育は、意外と不必要な教育投資かもしれないのである。

実業教育に徹すること

なぜ大学教育を受ける価値が低くなっているかを主張する一つの根拠は、現代の大学が昔の帝国大学のように、旧態依然として純学問を中心に教育していることにある。学生の半数以上が文科系であるし、文学、社会学、法学、経済学といった実業の世界でさほど役立たない学問を勉強しているのである。英文学を勉強した人が英語の教師になったり、商社で働くなら大いに役立つが、他の分野に進むのであれば、シェークスピアを学んでもさほど役立たない。歴史学も似ている。刑法、民法を学んだ人が法曹の世界に進むのなら、それは大いに役立つが、他の世界であればそうでもない。経済学もミクロ経済学や財政学などの生かせる世界はさほどない。金融実務、会計、経営、販売、人事などを勉強した方が企業での実務には役立つであろう。

もっともシェークスピアを学んだり、平安詩歌を勉強することも、人の教養を高めるし、心の余裕を与えるので、それらを学ぶことを否定する訳ではない。主張したいことは、それらを学ぶ人も社会で生かせる技能も同時に学んでほしい、ということになる。

理科系の場合には、文科系よりもはるかに実務の遂行に役立つ。例えば医学、薬学であればそうだし、工学、農学などもそれに近い。ただし大学では理論偏重であり、実用に生かせることはそう熱心に研究・教育がなされていない、という声も聞く。

もし現代のように50%の人が大学に進学するのであれば、社会に出てからその技能が十分に生かせるような分野を、もっと多くの学生が学ぶようにしたい。例えば、医療関連、福祉などの業務に就く人、事業を起こすことのできる技能の修得、企業でジェネラリストになるよりもスペシャリストになれるような技能の教育などがある。実務教育を徹底して行えるのなら、50%の大学進学率でもかまわないし、そのために公費の教育支出を増加させるというなら、国民も反対しないであろう。

公費負担は国民の税金で賄われるのであるから、国民の賛成が必要なのである。さらに実務教育がうまく進めば、社会に有能で生産性の高い人が多く輩出されることを意味するので、経済の活性化に寄与するし、経済成長率を高めるメリットがある。

戦前には高等工業、高等商業という専門学校が多く存在し、工業や商業の分野において実務を学んだ学生が多くいた。これらの人が産業界で第一線の企業人として活躍していたのである。現代においてこれらのような高工、高商のような高等教育機関があれば、と願うのが最近の私の気持である。

問題は高校で普通科の学生の多いことから始まっている

大学に進学する学生の大半は高校では普通科で学んでいる。つまり国語、数学、英語、理科、社会などの科目を学んでいる。現代の高校生では72％が普通科で学び、総合科というのが4・7％もあるので、80％弱が普通科の教育を受けていると言ってよい。一方、商業科、工業科、農水産科などといった職業科で学ぶ高校生は1955年では40％もいたのに、今では20％を切って半分以下となっている。実務を学ぶ高校生が少なくなっているのである。

なぜ普通科優先、職業科軽視になったかと言えば、高校入学時に親子ともどもが高校卒業後にできれば大学進学をしたいと希望するからである。国語・数学などの基礎科目が大学入試に課されているのが原因である。ところがである。高校進学率が95％を超え、ほぼ同世代の全員が高校生になれば、国語・数学などの基礎科目に興味を覚えなくなる生徒、あるいはそれらの学業についていけない生徒が出てくることは、自然な現象である。こういう人の多くが、ニートやフリーターになり、高卒中退に追い込まれるか、卒業しても職にありつけないこととなる。

もう一つ職業科が減少し、普通科の増加した理由として、文部省の教育政策の効果がある。普通科であれば先生と校舎を用意すればよいが、職業科は実験室や実務の実習なので費用がかなりかかる。教育費の支出を抑えたい文部省は、普通科の増加という安易な策をとったのである。従って、文部省にも責任の一端がある、と言ってよい。

高校においてもっと職業科（例えば商業科、工業科、農業科、情報科など）の比率を高めるような制度にもっていく必要があると主張したい。それが達成できれば、電気や自動車整備の技能に強い人、経理や営業のできる人、農業に特化できる人、ＩＴに強い人など自分で技能を生かせる職業人になれる人が多くなる。国語、数学、英語などしか勉強せず、しかもそれもしっかり学ばなかった普通科の人よりも、はるかに仕事の見つかる可能性が高まるし、実りのある職業生活を送れるものと予想できる。

しかし一つ条件がある。こういう職業科で学ぶ生徒も、在学中に大学進学という希望に変化する可能性がある。こういう生徒であっても、大学受験できるように職業科目の問題なり実技の試験を用意するようになってほしい。戦前の高等工業や高等商業専門学校では、普通の旧制・中学校卒業生のみならず、工業学校や商業学校の卒業生にも受験の可能性が開かれていたが、現今の大学受験でもこれと同じ配慮を職業高校で学ぶ生徒にももっと施してほしいと言える。

もう一つ重要なことは、職業科で教える先生の確保である。高校の先生になるには教員資格が必要であるが、これにこだわらず社会人として経験豊富でしかも高い技能を保有する人も、これらの学校で教えることのできるような制度にすることが望まれる。技能を蓄積したい生徒にとって、こういう先生から学ぶことは、高い技能をもった職業人となれる可能性は高まる。実務に裏づけられた教育ができるからである。もとよりたとえ職業科とはいえ、実務や技能だけを教える先生と科目ばかりであれば、一般学力が低くなるし、良心的な人間・あるいは市民として育つ可能性を低めるので、教員の資格をもった先生による一般科目や情操を同時に教えることも必要である。しかも職業科目を教える先生であっても、全員が教員免許をもっていない先生ばかりとなると教育現場として好ましくないので、資格をもった先生と社会人経験者をうまくミックスするのが最適である。

最後のつぶやき

日本の教育をゆがめている一つの理由に、日本は名門校を卒業した人が有利な社会・人生を送ることができる、という学歴社会がある。それがあるために、親子がともに高い学歴を求めて競争に励み教育がゆがめられる可能性がある、と言える。私はこの学歴社会は迷信化している、すなわち学歴社会は徐々に崩れつつあると判断している。その流れをもっと助長するにはどうしたらよいか、それに替わる社会・経済制度とはどのようなものなのか、そんなことを私は最近考えている。

3　エリート教育をどうすればよいか

世の中には社会と経済をうまく導くことのできるエリートが必要であることは言を要しない。そこでエリートを養成するための教育のあり方を議論してみたい。

エリートとは誰のことか

まずはエリートをごく簡単に定義しておこう。社会の上層部にいて、いわゆる指導者層として国家なり社会、経済を先頭に立って動かす人、と理解しておこう。エリートとは人数からするとかなりの少数派であり、能力や実績において優れた資質を保持、ないし顕示しないと、圧倒的に数の多い非エリート層はついてこない。ここにエリートの特色がある。

では具体的にエリートとは誰のことであろうか。イタリアの社会学者で経済学者でもあり、「エリート論」の先駆者であるヴィルフレド・パレートは、エリートを統治エリートと非統治エリートに二分している。統治エリートは正にトップに立つ指導者であり、非統治エリートの監督の下に中間管理職のように一般人を導く人である。

もう一人の「エリート論者」であるイタリア人のガエターノ・モスカは、具体的にエリートを次のような職業で考えている。すなわち、軍人、僧侶、富豪などがエリートであり、サブ・エリートとして官僚、経営者、科学者、学者などを挙げている。ドイツの有名な社会学者であるマックス・ウェーバーは、官僚の役割が重要な社会になっていることから、官僚をエリートと判断していた。一方アメリカのライト・ミルズは、経営者、政治指導者、軍部高官をエリートとみなしていた。国によってエリートが誰であるかが異なっているのは、それぞれの国の社会・経済の特質が異なっていることを反映している。

日本ではどう考えればよいだろうか。戦前にあっては、軍幹部、高級官僚、経営者だったのであり、戦後は高級官僚、大企業の経営者で代表される。現代では官僚の地位がやや低下して、政治家に取って代わられようとしているがまだこの方向は定着していない。まとめれば、社会と経済の運営に際して、高級官僚と大企業の経営者が長い間、日本においてエリート層だったのである。

エリートになるには高い教育が必要

日本でどのような人が高級官僚や大企業の経営者になっていたかに注目すると、学歴という要因がきわめて重要なのである。高級官僚になるには東大を筆頭とした旧帝国大学の卒業者が圧倒的に多いことはよく知られている。東大法学部は官僚エリートの養成校として存在していた。ここでは大企業における経営者の学歴を示しておこう。**表1**は戦前、戦後を通じての大企業における経営者の出身校を示したものである。1936（昭和11）年では東京帝大が27・4％、一橋大（旧東京高商・東京商大）が10・6％、慶応義塾の9・4％、京都帝大の6・4％と、俗に言う名門校に集中している。戦後の1962（昭和37）年においてもこの四校の優位に変更はない。現代においても上場企業の経営者になる人は、ここで挙げた東大、京大、一橋大、慶応大の卒業生が目立っている。大企業の経営者というエリートに関しては、名門大学の卒業生が多いことは事実である。

高級官僚や経営者に名門大学の出身者が多い理由に関してはいくつかを指摘できる。第一に、入

表1　最高経営層の出身校

	1900年	1936年	1962年
	%	%	%
官　大			
東　大	1.7	27.4	28.1
京　大	—	6.4	8.9
一橋大	0.2	10.6	9.4
東工大	—	1.6	2.2
その他	—	0.2	5.4
私　大			
慶　大	1.9	9.4	7.3
早　大	—	2.8	4.7
その他	—	2.8	3.3
外国大	0.2	2.8	1.0
専門学校			
高　商	—	4.6	10.3
高　工	—	0.2	4.7
その他	0.4	3.4	3.8
その他	95.6	27.8	10.9

出所：青沼吉松『日本の経営層―その出身と性格』日本経済新聞社、1965、116頁

学試験の困難な大学で学んだ人は学力が高いという認識がある。高度な水準で複雑な仕事を遂行するには、高い分析力と的確な判断力が必要である。わかりやすい言葉を用いれば頭の良さが要件となる。

第二に、名門大学に入学するには勉学を始めとして大変な努力を要する。目標を定めてそれに邁進する性格を有していることは、入試の突破ということで証明されている。しかもそれに伴う自分に自信を持つことが、その人のその後の人生において有益となる。社会人になっても努力することが期待されるし、現に役所や企業での仕事においても努力することによって、業績を伸ばすので、これらの人の昇進が速いのである。

第三に、名門大学には優秀な人が多く、お互いが知り合いとなって卒業後の人脈形成に大いに寄与する。官僚規制の強かった民間企業において、電力・ガス業、鉄鋼業、金融業などを典型として、東大出身者を官僚との交渉にあたらせる姿があった。代表例として過去には、金融機関にはMOF担（Ministry of Finance 担当官）と呼ばれる人がいて、大蔵官僚との交渉と情報交換を行っていた。MOF担に東大出が多く、後に金融機関で出世する人であった。正に東大出の人脈有利を示す例である。

第四に、人を客観的に評価することは困難ということがある。性格、仕事上での業績、家系、経済力、出身地などでは評価しにくいとか、不公平性があるが、学歴という基準で人を評価することに関して人々の反感はさほど強くない。性格などは人によって好みが異なるし、家系、経済力、出身地というのは「えこひいき」として嫌われることがあるが、学歴は比較的客観性の高い基準である。名門校出身の人が優遇されることは、他の基準と比較すればまだそれほどの嫌悪感がないのである。もっとも「あの人はガリ勉だ、良い学校を出たことを鼻にかけている」などという心理的な抵抗感はあるかもしれないが、それと客観性の高い評価とはさほど関係ないと言ってよい。

受験競争の厳しさは少年の頃から選抜が始まっていた

東大、京大、一橋大、慶応大などを筆頭として、名門大学の出身者を中心に日本のエリートが形成されてきたのであるが、これらの大学に進学する人に注目すると、大学進学以前の学校に関しては、これまた名門高校、名門中学を卒業した人が多かった。**表2**は戦前の帝国大学において、旧制高校（これも入試のむずかしい学校であった）出身者がどれほどいたかを示したものである。北大以外の帝国大学では入学者の半数以上が旧制高校出身者であった。特に東大と京大においてそれが鮮明である。なお北大は札幌農学校を起源とする予科の高校をもっていたので、ここでは旧制高校卒が少なくなっている。旧制高校→帝国大学という進学路はエリートの進む道であったし、その中でも一高→東大というのはその象徴であった。

表2　各帝国大学の旧制高校卒業者率（1940年）

	%		%
東　京	96.0	北海道	4.4
京　都	91.6	大　阪	75.2
東　北	79.0	名古屋	80.6
九　州	57.2		

出所：関正夫「戦前期における中等・高等教育の構造と入学者選抜」『大学論集』第6集、1978年

現代においても名門大学に進学するには、名門高校の出身者が

多いことは皆の知るところである。若い頃から受験競争に巻き込まれて、親子ともども勉強体制に入っており、塾や家庭教師という学校教育以外での勉強に小学校、中学校の頃から追われている生活を送らねばならない。勉強しか知らない若者の登場という悲劇を生んだのである。

過激な受験競争に害のあることを社会は気がつき、「ゆとり教育」という方針が導入されて勉強オンリーの教育を緩和しようとしたが、今度はこのことが逆に学力低下という現象を生むということになってしまった。現在の日本の教育界は、一方で過剰な学力競争に巻き込まれる一群と、他方で学力不足で悩む一群の存在という、二極分解の時代にいる。

本章での関心はエリート予備軍である前者のグループにあるので、これらの人を論じておこう。結論を先取りして言えば、勉強だけができる学歴エリートが多く輩出されている現状を憂慮するものである。戦前の受験競争も激しかったが、現代のように塾や家庭教師といった学校外教育はそう一般的ではなく、学校の勉強だけをしっかりやっておけば名門校に進学できる時代であった。学校内教育を徹底的に行う体制にもっていって、学校外教育に頼ることがないような体制にできないかと思う次第である。

そのための一つの手段として、特に義務教育にあっては、学校内において勉強のできるそして向学心の強い子が集まるクラスと、そうでないクラスに分けるという、能力別、学力別のクラス編成があってもよいと判断する。前者のクラスにあっては、学校外教育を受ける必要のないほどの水準の高い教育を行い、後者のクラスにあっては、先生の数を複数にして学力向上のために徹底的な教育を行う策である。現代にあっては高校では前者は名門校として一つの学校群となっているし、後者は非名門校として一つの別の学校群になっている。高校となると学力差を容認してもよいと多くの人が判断するので、名門校と非名門校の区別はある程度あってよい。しかしその区別を中学校や小学校の段階ではなくして、せいぜい数学、英語という学力差のはっきりする科目に関してのみ、一つの学校内でクラス分けを行ってよいという主張である。学力別のクラス編成には、親や子どもに無用な優越感や劣等感を与えないように慎重な配慮が必要である。

学力以外の基準でも人を評価しよう

これまでの日本は学力という基準だけでエリートの育成を図ってきたと言っても過言ではない。名門校出身者が社会での指導者になってきたケースが多かったことがそれを物語っている。ここらでその軌道修正を行う時代になっていると思う。指導力、実行力、性格などが人間社会において重要な役割を演じる時代になりつつある。例えば性格などは人の好みが働くので、評価基準として困難ではあるが、指導力や実行力は他人から見ても評価の基準として乗せやすい。その変化の兆しは企業の人事評価にも出現しつつある。例えばビジネスにおける実績主義による人事評価はその良い例である。実績主義は勉強がよくできるということとは無縁に近い基準である。この傾向が実社会では強くなりつつあるので、将来の経営者には名門校出身者の数が徐々に減少するだろうと予想できる。

では勉強のできる学歴の高い人はどのような職に就くのだろうか。それは研究者、医者、司法関係者といった職種の人と予想する。頭の良い人にうってつけの職業であるが、必ずしも社会のエリートではないことに注意しておこう。エリートとは社会を動かすような指導者なのであり、ここで述べた三つの職業は重要な仕事ではあるが、大企業の経営者というような社会・経済の先頭に立つ人ではない。

今後重要な指導者として期待されるのは政治家である。一昔前は高級官僚上りの政治家が幅を利かしていたが、現代では官僚上りでない政治家への期待が高まっている。二世、三世の政治家が多くなり、政治家の質の低下が深刻になっている今日だけに、新しい政治エリートを育てることが肝要と言ってよい。政治家はそれほど学力が高くなくても、構想力や指導力があれば十分なので、名門校を出ることが必要条件ではない。もっとも首相や大臣といったトップの政治家にあっては学識がないと困るので、学問はそこそこしてほしい気はする。

4　学校教育が人々の賃金に与える効果の実証分析

（櫻井康晴との共著論文）

学校教育の目的には大別して、次の二つがある。第一に、人間が高く幅広い教養と学力を持てるようにし、良心的な市民になってもらえるような道徳観を教えること。第二に、人は食べるために働かざるをえないが、働くに際してできるだけ高い技能を発揮して高い生産性を示すことが出来るような人にすること。便宜的に前者を教養教育、後者を職業教育と名付けてみよう。この両者のうち、どちらがより重要であるかは、論者によって異なる。例えば教育界にいる人は前者を重視し、経済界にいる人は後者を重視する傾向がある。

もとより理想は双方をともに高くすることにある。良心的な市民でかつ教養あふれる有能な経済人や労働者を生むことが教育の目的であることに誰も異論はないだろうが、現実には財源や教員に関する制約、教育を受ける生徒・学生の学力水準や教育への期待、経済をどれだけ強くする必要があるかという国民の期待の程度などによって、どちらかにウェイトを掛ける主張がありうる。例えば経済学者であれば、猪木（２００９）が教養教育を重視するのに対して、橘木（２０１３）は職業教育を重視しているし、教育学者であれば広田（２００９）が教養教育を支持しているのに対して、本田（２００９）は職業教育を支持している。

本章の目的はこの論点（すなわち教養教育か職業教育）の決着に直接解答を与えることではないが、この課題を考えるときに有用な情報を提供することによって、読者の判断の資料を提供することにある。具体的な分析の方法は次のようなものである。まず学校教育を受けることによって、中学校と高校の学業成績がどう決定されるかを分析する。特に、注目する点は本人の科目への選好度、塾に通ったことの効果、高校生に関しては中学受験をしたかどうか、などである。

学校卒業後に就職した人に関して、現在の賃金がどのような変数の影響を受けているかを推計する。高校時代の成績、高校教育が今の仕事を遂行するのに役立っているかという自己診断、通った高校の優秀さ（その高校の大学進学率で代用する）、などの効果を調べる。以上の推計を、高等学校卒業者、専門学校卒業者、高等専門学校・短期大学卒業者、大学文系卒業者、大学理系卒業者に区分して行う。

なお、大学卒業者に関しては、大学の質を考慮するために、大学の入学試験に際しての偏差値を説明変数として導入した。さらに大卒者に関しては、大学における専門科目、一般教育科目、語学科目、政治・経済学科目、体育・部活・サークル活動、アルバイト活動、コミュニケーション・プレゼンテーション・コンピューター・リーダーシップなどの能力を、説明変数として選んだ。最後に列挙した変数は、その人がどういう科目を大学で履修し、そしてその人が職業人としてどのような技能を修得したことが役立っていると感じているかを調べるために導入したものである。

ここで列挙した説明変数が、教育の効果を見るに当たってどのような機能を有しているのかを簡単に述べておこう。換言すれば、本章の検証しようとする論点とは何かである。

（ｉ）学業成績の高さを決めるのは何だろうか。

（ⅱ）労働所得（生産性と考えてよい）が決まるにあたって学業成績はどのような効果をもつだろうか、さらに学業の中でもどの種の科目が重要なのだろうか。

（ⅲ）社会に出て仕事を行う上で、学校で受けた教育が役立ったと考えているかどうか。

（ⅳ）大卒者に関しては、右で述べた以外の労働所得に及ぼす効果についても分析したい。すなわち、その大学の質の高さが及ぼす効果の差、専門教育科目と一般教育科目のうちどちらの影響力がより強いのか、コミュニケーション能力やリーダーシップの育成がもつ効果、課外活動が役立ったかどうか、などが関心事である。

これら（ｉ）から（ⅳ）の仮説が現実の世界で成立しているかどうかがわかることによって、日本の教育の効果と役割をかなりの程度理解できることになる。特に、冒頭に述べた教養教育かそれとも職業教育か、ということに注目しながら実証結果を解釈してみたい。

分析モデルとデータ概要

まず、中学時の学業成績（*juni_outcome*）及び高校時の学業成績（*high_outcome*）に影響を与える要因分析として、説明変数に中学時の塾通いの有無のダミー変数（*juku_junior*）、高校時の塾通いの有無のダミー変数（*juku_high*）、中学時の数学及び読書の選好度（*math_junior*）（*read_junior*）、さらに、中学受験の経験の有無のダミー変数（*juken*）を用いて、以下の推定式により推計した。

・中学時の学業成績

$$juni_outcome_i = \alpha_i + \beta_1 juku_junior_i + \beta_2 math_junior_i + \beta_3 read_junior_i + u_i \quad (1)$$

α：定数項　$\beta_1, \beta_2, \beta_3$：推定されるパラメータ

・高校時の学業成績

$$high_outcome_i = \alpha_i + \beta_1 juku_high_i + \beta_2 math_junior_i + \beta_3 read_junior_i + \beta_4 juken_i + u_i \quad (2)$$

α：定数項　$\beta_1, \beta_2, \beta_3, \beta_4$：推定されるパラメータ

添え字 i は、個人を表しており、数学及び読書の選好度に関しては質問項目が中学時点のみといったデータの制約上、高校時の学業成績に関する分析にも中学時の選好度を説明変数として用いている。高校時の学業成績の推定式に関しては、大卒以上の学歴の者と大卒以外の者とで各々分析を行っている。なお、（1）、（2）の両式における u_i は誤差項であり、誤差項に関する標準的仮定を満たす。

次に、労働所得で見た生産性に関しての推定式は以下の通り。

$$wage_i = \alpha_i + \beta_1 high_autcome_i + \beta_2 math_junior_i + \beta_3 read_junior_i + \beta_4 helpful_i + \beta_5 collegerate_i + u_i \quad (3)$$

α：定数項　$\beta_1, \beta_2, \beta_3, \beta_4, \beta_5$：推定されるパラメータ

helpful は最後に通った学校で受けた教育が仕事に役立っているかの度合い、*collegerate* は自身の出身高校の大学進学率（%）を表す。

労働所得（賃金）の決定が本人の資質にのみに依存するとの前提があるが、現実には働く企業の特性などが影響を及ぼしていることは確実である。しかし、教育の経済学における人的資本論などの実証研究においては、これら企業の要因が無視されることがしばしばある。本章では教育の効果

を徹底的に追究するために、むしろ他の要因には配慮せずに、教育に関する諸々の変数の効果を詳しく検討することを目的とした。

　この推定式に関して、最終学歴が高卒、専門学校卒、高専・短大卒、大卒文系、大卒理系の各々に区別して推計を行った。

　大卒者に関しては、高校時の成績に変えて卒業した大学の偏差値（*deviation*）を説明変数に加えた推定も行った。推定式は以下の通りである。

$$wage_i = \alpha_i + \beta_1 deviation_i + \beta_2 math_junior_i + \beta_3 read_junior_i + \beta_4 helpful_i + \beta_5 collegerate_i + u_i \quad (4)$$

α：定数項　$\beta_1, \beta_2, \beta_3, \beta_4, \beta_5$：推定されるパラメータ

　本章の分析に用いたデータ『２０１１橘木科研（地域の生活環境と幸福感に関するアンケート２０１１）』は、２００４年から継続的に行われている調査により得られたものである。２０１１年調査では、８０５８人からの回答を得た。用いたデータの記述統計は**表1**で示されている。

　中学・高校時の成績の自己評価として、クラス内での成績（*juni_outcome*）（*high_outcome*）は、１．下の方、２．やや下の方、３．真ん中のあたり、４．やや上の方、５．上の方、という5段階の選

表1　記述統計

	男女計（N＝7824）		男性（N＝4645）		女性（N＝3179）	
	mean	sd	mean	sd	mean	sd
wage	301.55	335.17	421.08	365.41	126.91	173.29
juni_outcome	3.44	1.49	3.52	1.45	3.32	1.53
juku_junior	0.23	0.42	0.23	0.42	0.23	0.42
juku_high	0.39	0.49	0.37	0.48	0.41	0.49
high_outcome	3.10	1.45	3.06	1.47	3.15	1.41
math_junior	2.99	1.61	3.25	1.55	2.60	1.62
read_junior	3.16	1.56	3.06	1.50	3.31	1.64
juken	0.13	0.34	0.14	0.34	0.13	0.33
helpful	2.08	1.78	2.40	1.73	1.60	1.74
collegerate	70.92	32.56	69.47	33.96	73.65	29.54
deviation	55.36	7.04	55.89	7.13	54.12	6.67
major	1.55	1.43	1.63	1.42	1.44	1.43
language	1.28	1.21	1.28	1.15	1.27	1.29
liberal	1.39	1.26	1.43	1.23	1.33	1.29
circle	1.37	1.33	1.47	1.36	1.22	1.29
parttime	1.53	1.43	1.59	1.41	1.45	1.45
lab_semi	1.44	1.35	1.55	1.37	1.27	1.29
study	1.54	1.38	1.63	1.38	1.42	1.38
english	1.13	1.10	1.17	1.07	1.08	1.14
polieco	1.31	1.22	1.45	1.27	1.11	1.13
comu	1.53	1.36	1.60	1.35	1.42	1.38
presentation	1.28	1.20	1.37	1.21	1.15	1.17
computer	1.24	1.25	1.32	1.28	1.11	1.20
leadership	1.18	1.12	1.30	1.15	1.01	1.05

択値を使い、高校時の塾通いの有無のダミー変数として（*juku_high*）を用い、中学時代の数学と読書の選好（*math_junior*）（*read_junior*）に関しては、各々1．嫌いだった、2．あまり好きでなかった、3．どちらともいえない、4．まあまあ好きだった、5．非常に好きだったといった5段階の選択値を使い、中学受験の有無を表すダミー変数として（*juken*）を用いた。

また、生産性の代理変数として用いた賃金（*wage*）は、14段階に区分した値である。「最後に通った学校で受けた教育が今の仕事に役立っているか」という質問に対する回答の変数（*helpful*）を、役立っている度合いに応じて5段階の選択値を用いた。専門科目（*major*）、一般教養科目（*liberal*）、体育・部活・サークル活動（*circle*）、アルバイト（*parttime*）の各々に関する大学での取り組み度合いへの質問に対して、熱心さに応じて、1．熱心ではなかった、2．どちらかといえば熱心ではなかった、3．どちらかといえば熱心だった、4．熱心だった、という4段階の選択値を用いた。更に、大学時代の知識・能力の習得に関する質問に対しては身に着けた度合いに応じて、1．身に着けなかった、2．あまり身に着けなかった、3．ある程度身に着けた、4．かなり身に着けた、という4段階の選択値を用いている。

表2　中学時の学業成績

被説明変数＝中学時の学業成績	中学受験経験あり			中学受験経験なし		
	男女計	男　性	女　性	男女計	男　性	女　性
juku_junior	−0.1208	−0.1700	−0.0633	−0.0055	0.0143	−0.0263
	(0.0619)	(0.0791)	(0.0993)	(0.0293)	(0.0378)	(0.0460)
math_junior	0.4529***	0.4910***	0.4302***	0.4952***	0.5357***	0.4443***
	(0.0211)	(0.0290)	(0.0332)	(0.0077)	(0.0104)	(0.0123)
read_junior	0.3382***	0.3104***	0.3611***	0.3624***	0.3108***	0.4245***
	(0.0218)	(0.0295)	(0.0328)	(0.0079)	(0.0107)	(0.0121)
サンプルサイズ	1067	651	416	6991	4134	2857
決定係数	0.5067	0.4917	0.5274	0.4917	0.5751	0.5993
F値	366.01	210.58	155.39	210.58	1865.68	1424.94

注：括弧の中はstandard errorである。
　　***、**、*はそれぞれ1、5、10%で統計的に有意であることを示す。

分析結果

学業成績に対する影響

中学時の学業成績に与える影響を男女計、男女別について推計を行った推定式（1）の結果を検討する（**表2**）。推定結果から、中学校時の成績の良さに関して、中学受験経験の有無を問わず、塾通いの経験の有無に有意性は認められないが、男女共に数学・読書に対する選好度の高さが、学業成績を高めることは、1%有意水準で正に有意である。

高校時の学業成績に関して、推定式（2）の結果を検討する（**表3**）。高校時の学業成績に対しても中学時の学業成績に与える影響と同様に、塾通いの経験の有無に有意性は認められないが、男女共に数学・読書に対する選好度が高いことが学業成績を高めることは、1%有意水準で正に有意である、即ち、数学・読書に対する選好度が高いことは、学力形成に正の影響を与えていることがわかる。

表3　高校時の学業成績

被説明変数＝高校時の学業成績	大卒者			非大卒者		
	男女計	男　性	女　性	男女計	男　性	女　性
juku_high	−0.0527	−0.0404	0.0001	0.0009	0.3991	0.4376
	(0.0392)	(0.0405)	(0.0475)	(0.0313)	(0.0687)	(0.0705)
math_junior	0.2547***	0.2545***	0.2138***	0.1963***	0.1701***	0.1613***
	(0.0136)	(0.0140)	(0.0164)	(0.0102)	(0.0219)	(0.0224)
read_junior	0.2680***	0.2631***	0.2967***	0.1974***	0.3761***	0.3772***
	(0.0140)	(0.0144)	(0.0170)	(0.0104)	(0.0212)	(0.0215)
juken	−0.0238	−0.0362	0.0389	−0.0024	−0.2140	−0.2003
	(0.0496)	(0.0513)	(0.0602)	(0.0445)	(0.1047)	(0.1059)
サンプルサイズ	2243	1632	611	3672	1564	2108
決定係数	0.1985	0.1938	0.2003	0.128	0.123	0.276
F値	255.69	233.21	176.18	296.45	252.07	201.77

注：括弧の中はstandard errorである。
　　***、**、*はそれぞれ1、5、10%で統計的に有意であることを示す。

中学、高校のときの学業成績に関して、塾通いの効果がなかったという自己診断は、意外な結果と思われるかもしれないが、よく考えてみればそれほど奇異な結果ではないかもしれない。塾に通う一つの大きな目的は、入学試験の合格に役立つ勉強をするのであるから、日頃のそれぞれの学校での勉強の理解度を高めることを大きな目的としていない。そうであれば学校での通常の試験の成績を向上させるのに役立っていない、と自分が勝手に思い込んでいる可能性がある。しかし塾で学んだ経験が日頃の学校での勉強に役立っている可能性は否定できないので、ここでは自分勝手の思い込みがこのような評価をもたらした、と理解しておこう。数学・読書に対する選好度の高いことは、数学や国語、あるいは学問・教養への関心の程度が強いことを示すので、それが学力の向上に寄与することは自然である。これは、算数・数学を好むか否かが学力向上や進路決定に意義があるとした橘木・松浦（2009）と整合的である。

賃金に対する影響

推定式（3）に関して、高卒者の男女別の労働所得に関する推定結果を検討する（表4）、最終学歴が高卒の男性、女性ともに、ほとんどの変数が有意ではなく、高校で受けた教育が今の仕事にとって役に立っていると感じている度合いが高いことだけが、1％有意水準で正に有意である。男性の係数推定値は78・8で、女性のそれ（43・5）の約1・8倍なので、男性の方が賃金に対して最終学校での教育の有用性の影響が大きいと感じていることがわかる。

最終学歴が専門学校卒の推定結果を検討する（表5）。女性では有意性は認められなかったが、男性では高校時の学業成績の良さは賃金に対して5％有意水準で正で有意である。また、高卒者と同様に、男女共に専門学校で受けた教育が今の仕事にとって役立っていると感じている度合いが高いことは、1％有意水準で正で有意であり、男性の係数推定値は72・7、女性のそれは38・0であり、これもまた男性の方が影響力が大きい。

次に、最終学歴が高専または短大卒に関する推定結果を検討する（表6）。女性では高校時の学業成績及び高校の大学進学率が高いことは賃金に対して負で有意である。また、男女共に高専または短大で受けた教育が今の仕事にとって役立っていると感じている度合いが高いことは1％有意水準で正で有意である。このことから、女性に関しては高校の大学進学率が低く、かつ高校の学業成績の良くない人は高専や短大に進学することを意味しており、その後の生産性に負の影響を及ぼしていることが分かる。

表4　高卒者・賃金

被説明変数＝労働収入	男女計	男　性	女　性
high_outcome	－3.3188	11.0360	－10.7043
	(8.0387)	(10.9888)	(7.7884)
math_junior	8.9231	－10.1260	0.4882
	(6.2185)	(8.9113)	(5.9646)
read_junior	－2.4306	11.0381	－3.9979
	(6.4242)	(9.3689)	(5.6797)
helpful	72.3055***	78.8337***	43.4556***
	(5.5951)	(7.7934)	(5.2823)
collegerate	－0.3325	0.1425	0.1363
	(0.2708)	(0.3733)	(0.2665)
サンプルサイズ	677	422	255
決定係数	0.2009	0.1968	0.2037
F値	35.00	21.63	14.00

注：括弧の中は standard error である。
　　***、**、*はそれぞれ1、5、10％で統計的に有意であることを示す。

表5　専門学校卒者・賃金

被説明変数＝労働収入	男女計	男　性	女　性
high_outcome	7.2226	39.4717	3.2321
	(11.0000)	(16.2318)	(10.4866)
math_junior	5.0439	－2.9087	4.5840
	(8.8359)	(14.2310)	(7.2136)
read_junior	－19.9580	2.3139	－8.0138
	(9.0581)	(13.4196)	(8.4509)
helpful	67.4470***	72.6979***	37.9779***
	(6.4844)	(11.2266)	(5.4309)
collegerate	0.1426	1.1276	0.2493
	(0.3696)	(0.5434)	(0.3446)
サンプルサイズ	258	133	125
決定係数	0.3105	0.2621	0.2811
F値	24.15	10.38	10.70

注：括弧の中は standard error である。
　　***、**、*はそれぞれ1、5、10％で統計的に有意であることを示す。

表6　高専・短大卒者・賃金

被説明変数＝労働収入	男女計	男　性	女　性
high_outcome	−28.5409***	−19.7670	−32.0360***
	(7.3018)	(17.2967)	(6.8141)
math_junior	26.0751***	33.1553*	21.5647***
	(7.2412)	(19.5286)	(6.6032)
read_junior	−10.7997	−1.1514	−9.4741
	(8.1091)	(20.4278)	(7.4332)
helpful	75.857***	104.9621***	71.6920***
	(5.7854)	(16.5576)	(5.3871)
collegerate	−0.5808*	0.7661	−0.6934**
	(0.3246)	(0.9618)	(0.3075)
サンプルサイズ	400	104	368
決定係数	0.3895	0.2821	0.428
F値	50.27	9.10	55.93

注：括弧の中はstandard errorである。
***、**、*はそれぞれ1、5、10％で統計的に有意であることを示す。

表7　大卒者・文系・賃金

被説明変数＝労働収入	男女計	男　性	女　性
high_outcome	14.5626***	33.3494***	3.3283
	(7.0361)	(9.0429)	(6.3580)
math_junior	21.7446***	14.7655**	−7.0813
	(6.0412)	(8.3170)	(4.9135)
read_junior	−17.0978**	−2.8089	−5.4456
	(6.6112)	(8.6457)	(5.8245)
helpful	114.987***	116.416***	64.4765***
	(4.8316)	(6.5362)	(4.1757)
collegerate	1.1257***	1.9861***	0.5740*
	(0.3219)	(0.3903)	(0.3436)
サンプルサイズ	1488	984	504
決定係数	0.294	0.2775	0.3221
F値	124.85	76.49	48.79

注：括弧の中はstandard errorである。
***、**、*はそれぞれ1、5、10％で統計的に有意であることを示す。

表8　大卒者・理系・賃金

被説明変数＝労働収入	男女計	男　性	女　性
high_outcome	17.0985	18.4770	10.0918
	(10.3921)	(11.4804)	(15.1317)
math_junior	22.5263*	14.8587	16.1975
	(12.7722)	(14.6569)	(15.9116)
read_junior	−24.8419**	−14.5750	−13.1757
	(9.3402)	(10.3033)	(15.0689)
helpful	123.6427***	127.2654***	74.9835***
	(6.7898)	(7.6321)	(9.4559)
collegeyate	1.6651***	2.0062***	1.5047
	(0.4565)	(0.4846)	(1.0597)
サンプルサイズ	755	648	107
決定係数	0.3202	0.3204	0.3672
F値	72.04	62.01	13.30

注：括弧の中は standard error である。
***、**、*はそれぞれ1、5、10%で統計的に有意であることを示す。

次に、最終学歴が大卒文系の男性・女性に関する推定結果を検討する（表7）。大卒文系の男性の場合、高校時代の学業成績の良さと中学時代の数学の選好度が高いこと、及び出身高校の大学進学率が高いことは、賃金に関して正で有意である。一方、女性では大学で受けた教育が今の仕事にとって役立っていると感じている度合いが高いこと以外の賃金に関する説明変数に有意性は見受けられない。最終学校、即ち大学で受けた教育が今の仕事にとって役立っていると感じている度合いが高いことは、男女共に1%有意水準において正で有意であり、その男性の係数推定値は116・4、女性のそれは64・5で賃金への影響は大きい。男性にとって大学文系に進むことは、中・高校生時代の学業成績の影響を受けているし、その効果が生産性に与える効果は正で大きいのである。

最後に、最終学歴が大卒理系に関する推定結果

表9　大卒者・文系（偏差値）・賃金

被説明変数＝労働収入	男女計	男　性	女　性
deviation	3.5793***	3.8033***	0.5162
	(0.6522)	(0.8836)	(0.5426)
math_junior	21.2463***	16.9165**	−6.9281
	(5.9711)	(8.2451)	(4.8902)
read_junior	−18.3616***	−4.0695	−5.6058
	(6.5493)	(8.6421)	(5.8244)
helpful	113.6814***	116.4036***	64.4494***
	(4.7970)	(6.5188)	(4.1722)
collegerate	0.7901**	1.5334***	0.4860
	(0.3183)	(0.3891)	(0.3399)
サンプルサイズ	1488	984	504
決定係数	0.3061	0.2821	0.3229
F値	132.18	77.84	48.98

注：括弧の中はstandard errorである。
　　***、**、*はそれぞれ1、5、10%で統計的に有意であることを示す。

表10　大卒者・理系（偏差値）・賃金

被説明変数＝労働収入	男女計	男　性	女　性
deviation	2.3258**	1.9629*	0.8413
	(1.0073)	(1.1267)	(1.3955)
math_junior	21.8370*	15.1691	15.8533
	(12.7352)	(14.6215)	(16.0327)
read_junior	−24.0365***	−14.0157	−10.6250
	(9.2203)	(10.2404)	(14.6078)
helpful	122.6713***	126.5762***	74.8458***
	(6.8004)	(7.6519)	(9.4803)
collegerate	1.3756***	1.7095***	1.4570
	(0.4506)	(0.4779)	(1.0649)
サンプルサイズ	755	648	107
決定係数	0.3226	0.3209	0.3667
F値	72.81	62.14	13.27

注：括弧の中はstandard errorである。
　　***、**、*はそれぞれ1、5、10%で統計的に有意であることを示す。

を検討する（表8）。大卒理系では、男女共に、大卒文系で見られたような中・高校時代の学業の賃金への効果は認められない。他方、大学で受けた教育が今の仕事にとって役立っていると感じている度合いが高いことは男女共に1％有意水準において正で有意であり、その男性の係数推定値は127・3、女性のそれは75・0で賃金への影響は大きい。

次に、推定式（4）に関して、高校時代の学業成績の良さに代わって出身大学の偏差値を説明変数に加えた推定を、文理別に男女の賃金に関して検討する（表9、表10）。男性大卒（文・理ともに）のみ出身大学の偏差値は有意であり、女性には無影響であったということ以外、表7及び表8の結果と大差ないので説明を避ける。文系において大学の質の差が賃金（生産性）に効果がある、という発見は貴重である。

ここでわかったことをまとめれば次のようになる。すなわち、すべての学校歴（高校、短大、大学）において、そして大学に関しては文系か理系かを問わず、最終学校で受けた教育が今の仕事の遂行において役立っていると感じる程度が高ければ、賃金を高くしている効果が大きいのである。他の変数、学業成績や学科目への選好度、大学入学時の偏差値（大学の質とみなしてよい）などの効果は一様ではなく、最終学歴や文系・理系の差、そして男女差によって、効果が異なるのである。

大学教育の効果を詳しく

本節ではこれまで議論してきた内容に関して、大卒者のみを対象として最終学校、即ち大学在学中にどのような活動をし、またどのような知識や技能を習得してきたのかに関する質問項目を用いて、どのような学生生活がその後の賃金に影響するのかを明らかにする。そこで以下では、労働収入で測った生産性に関して大卒者を文系と理系に分類し、以下の（5）、（6）式による推定を行う。

$$wage_i = \alpha_i + \beta_1 major_i + \beta_2 language_i + \beta_3 liberal_i + \beta_4 circle_i + \beta_5 parttime_i + u_i \quad (5)$$

α：定数項　$\beta_1, \beta_2, \beta_3, \beta_4, \beta_5$：推定されるパラメータ

説明変数は各々「大学時代にどのような活動に熱心に取り組んだか」といった質問項目に対する回答として、*major* は専門科目を、*language* は語学科目、*liberal* は一般教養科目、*circle* は体育・部活・サークル活動、*parttime* はアルバイトを表す。

最後に、大卒者に対して知識と能力の習得状況に関して以下の分析を行う。

$$wage_i = \alpha_i + \beta_1 lab_semi_i + \beta_2 study_i + \beta_3 english_i + \beta_4 polieco_i + \beta_5 comu_i + \beta_6 presentation_i + \beta_7 computer_i + \beta_8 leadership_i + u_i \quad (6)$$

α：定数項　$\beta_1, \beta_2, \beta_3, \beta_4, \beta_5, \beta_6, \beta_7, \beta_8$：推定されるパラメータ

表11　大卒者・文系（学生時代の取り組み）・賃金

被説明変数＝労働収入	男女計	男　性	女　性
major	26.5751***	42.4047***	−2.2752
	(9.3754)	(12.3658)	(8.5963)
language	−20.2198**	17.9543	0.4826
	(10.0471)	(14.0868)	(8.6143)
liberal	−53.5087***	−78.1578***	−11.9943
	(11.7104)	(15.5739)	(10.5747)
circle	25.0431***	19.9340**	5.1971
	(6.9489)	(9.1401)	(6.4477)
parttime	28.3336***	51.1708***	1.3180
	(7.3059)	(9.6143)	(6.7288)
サンプルサイズ	2354	1502	852
決定係数	0.0314	0.0432	0.0093
F値	10.87	9.20	1.45

注：括弧の中は standard error である。
　　***、**、*はそれぞれ1、5、10％で統計的に有意であることを示す。

説明変数は各々「大学卒業時点における知識・能力の習得状況に関する自己評価」に対する回答として、*lab_semi* は研究室・ゼミで学んだ専門知識を、*study* は学科における専門知識、*english* は英語などの語学力、*polieco* は社会・経済・政治に関する知識、*comu* は他人とのコミュニケーション能力、*presentation* は発表でのプレゼンテーション能力、*computer* はコンピューターの操作能力、*leadership* はリーダーシップ能力を表す。

推定結果についての検討を行う。先ず、推定式（5）の学生時代の取り組みについての分析について、文系・理系別に分析結果を検討する。文系の推定結果（**表11**）から、大卒文系の女性ではすべての説明変数に関して有意性は認められなかった。一方で、男性では専門科目、体育・部活・サークル活動及びアルバイトへの取り組みが熱心であることは賃金に対して正で有意である。他方、

表12　大卒者・理系（学生時代の取り組み）・賃金

被説明変数＝労働収入	男女計	男　性	女　性
major	7.9679	16.1128	−1.0496
	(15.5713)	(17.5798)	(22.0119)
language	25.6405	34.6006	15.9180
	(18.3756)	(21.1062)	(23.8073)
liberal	−65.7886***	−75.5015***	9.5828
	(19.8274)	(22.5740)	(26.8968)
circle	39.6729***	44.0415***	−14.8342
	(12.1137)	(13.5689)	(17.6994)
parttime	8.2148	18.9060	−19.2632
	(11.8370)	(13.2687)	(17.3524)
サンプルサイズ	1175	985	190
決定係数	0.0186	0.0244	0.0148
F値	4.88	5.48	0.65

注：括弧の中は standard error である。
***、**、*はそれぞれ1、5、10％で統計的に有意であることを示す。

一般教養科目への取り組みが熱心であることは、卒業後の賃金に対して負で有意である。

次に、大卒理系についての推定結果を検討する（**表12**）。女性ではすべての説明変数に有意性は認められない。男性では、文系とは異なり専門科目への取り組みの熱心さに賃金に対する有意性は認められない。一方、体育・部活・サークル活動への取り組みが熱心であることは賃金の高さに正で有意であることは文系と同様の結果である。また、一般教養科目が賃金に対して負で有意であることも文系と同様の結果である。

これらの分析結果からわかることは、男性に限られるが、文系では体育・部活・サークル活動及びアルバイトへの取り組みといった多様な行動や他者とのかかわりを要する活動に従事することが、その後の生産性に資することが分かる。他方、一般教養科目に関しては文理を問わず男性の賃金に

表13　大卒者・文系（知識・能力習得）・賃金

被説明変数＝労働収入	男女計	男　性	女　性
lab_semi	34.1038***	64.1007***	−2.7194
	(11.0674)	(14.4162)	(10.7535)
study	−65.1386***	−65.6161***	15.3742
	(12.8348)	(17.0942)	(12.1880)
english	−11.6172	24.2839*	−7.2532
	(9.2921)	(12.9405)	(8.3099)
polieco	59.1882***	8.3905	7.1819
	(10.6038)	(14.5065)	(10.5422)
comu	18.3501*	56.4779***	4.2899
	(11.1580)	(15.3283)	(9.9805)
presentation	−20.6824	−7.4028	−24.4793**
	(12.9700)	(17.5034)	(11.7232)
computer	−6.5501	15.7727	17.6590**
	(8.2275)	(11.1354)	(7.6198)
leadership	77.6552***	43.7929**	35.7742***
	(13.1276)	(17.7632)	(12.2144)
サンプルサイズ	2354	1502	852
決定係数	0.0439	0.0366	0.0200
F値	12.64	6.57	2.80

注：括弧の中はstandard errorである。
　　***、**、*はそれぞれ1、5、10％で統計的に有意であることを示す。

対して負の要因となっていることが分かり、リベラルアーツ重視の大学教育は生産性の向上ということに関する限り望ましくないことが分かる。

　続いて推定式（6）の学生時代の知識・能力の習得について、文系・理系別に分析結果を検討する。文系の推定結果（**表13**）から、男性では、ゼミ・研究室で学んだ専門知識、英語などの語学力、他人とのコミュニケーション能力、及びリーダーシップ能力を身に着けた度合いが高いことは、賃金に正で有意である。他方、学科における専門知識は賃金に対して負で有意である。女性では、コンピュー

表14　大卒者・理系（知識・能力習得）・賃金

被説明変数＝労働収入	男女計	男　性	女　性
lab_semi	10.9340	8.0934	−31.4309
	(19.5853)	(21.5660)	(27.7193)
study	18.3627	26.3335	37.9323
	(21.9288)	(24.4049)	(30.8280)
english	8.8239	22.4772	6.2082
	(17.2315)	(19.4195)	(22.3208)
polieco	−16.0028	−47.2815**	31.8401
	(17.1943)	(18.9453)	(25.9176)
comu	11.1167	30.0631**	−52.5162
	(18.5752)	(20.8600)	(22.7169)
presentation	−17.9937	−6.9057	17.0648
	(20.2816)	(22.7202)	(25.8481)
computer	9.1510	31.1444**	−24.4256
	(11.8934)	(13.4238)	(16.3320)
leadership	52.3571**	44.4168*	−6.0956
	(20.4729)	(22.9370)	(24.5192)
サンプルサイズ	1175	985	190
決定係数	0.0071	0.0186	0.0472
F値	1.09	2.50	1.24

注：括弧の中は standard error である。
　　***、**、*はそれぞれ1、5、10％で統計的に有意であることを示す。

ターの操作能力の高さとリーダーシップ能力と賃金は正で有意である。一方、発表でのプレゼンテーション能力は賃金に対して負で有意であり、その他の変数には有意性は認められない。

次に、理系の推定結果を検討する（**表14**）。男性では、他人とのコミュニケーション能力、コンピューターの操作能力、リーダーシップ能力を身に着けた度合いが高いことは、賃金に正で有意であり、社会・経済・政治に関する知識の習得度合いの高さは賃金に負で有意である。一方、女性に関しては、全ての説明変数に関して有意性は認められなかった。

この分析結果から、学生時代の知識・能力の習得に関してわかることは、他者とのコミュニケーションに基づいた知識や能力の習得が生産性に資するということである。専門知識に関しても、ゼミを通じたものが賃金を高めている。また、語学に関しても推定式（5）の下では有意性を持たなかったものの、一般教養科目の語学として取り組むのではなく、実用性を重視したうえでの習得が賃金を高くすることに貢献する。

まとめ

学校教育の効果を、賃金（すなわち生産性）を上げているかどうかに焦点を合わせて実証分析を行った。その実証分析の流れは、まず学業成績はどう決まるかを推計し、次に学業成績が賃金にどのような効果を与えるかを推定した。その際に自分が学校教育を受けたことが仕事の遂行上で役立ったか、という自己評価に注目した。実証結果は、学業成績の効果はほとんどないが、この自己評価が重要であることがわかったし、他の説明変数、学業成績、学科目の選好度、大学入学時の偏差値などの効果は、学歴や文系・理系の差、男女差によってその効果の表れ方が異なる。

ここでのもっとも重要な発見は、賃金（生産性）への影響度に関して自分の受けた学校教育が役立っているか、という自己評価が大切である、ということにある。これは現実にその人の生産性を上げているという解釈も可能かもしれない。それに加えて、たとえ生産性は現実に上がっていなくとも、上がっているかもしれないと本人に認識させる効果が作用している可能性がある。これは学校教育の効果を自己評価していることによって、勤労意欲高く頑張るようになる可能性があることを意味している。

大学卒業者に関しては詳細な分析を行って、大学教育の効果を多方面から評価した。大学にあっては、学生にコミュニケーション能力を身に付けさせることが重要である。これはサークル活動やアルバイトといった課外活動、あるいはゼミ活動などで得られることである。さらに、リーダーシップ能力を植え付けるような教育、さらにコンピューター操作の技術なども有用である、一方で、一般教養科目いわゆるリベラルアーツ教育はその人の生産性の向上に寄与していない。このことは、大学における専門教育、職業教育を重視し、一般教養教育には熱心にならなくてよい、という提言につながる。

ここで述べたことは、学校教育が人の賃金（すなわち生産性）を上げるのに役立つ必要があるとの前提の下でのことである。私達は日本の大学教育はこの点からすると不十分であったという認識をしているので、この提言を支持するものである。ただし学校教育の目的は有能な職業人を生むことにあるのではなく、教養豊かな善良な市民の育成にあるとする立場からは反対される意見である。教育界、経済界のみならず、幅広い人々による議論を期待したい。

参考文献

猪木武徳（２００９）『大学の反省』ＮＴＴ出版。
広田照幸（２００９）『教育学』岩波書店。
本田由紀（２００９）『教育の職業的意義』ちくま新書。
橘木俊詔（２０１３）『学歴入門』河出書房新社。
橘木俊詔・松浦司（２００９）『学歴格差の経済学』勁草書房。

終章　経済成長だけが幸福の源泉ではない

日本経済は20年以上もデフレ不況下にあり、経済を活性化して経済成長率を高める政策を安倍晋三政権は主張している。具体的には金融緩和策をもっと強化して、大量に資金を市場に供給し、インフレ目標率を２％とし、大量の国債を発行して公共事業をやろうとした。場合によっては国債の日銀引き受けもやりかねない状況にある。

私はこれらの案に賛成しない。まず、日銀はこれまで金融を緩和し続けてきたが、金融緩和をしても企業が銀行から資金を借りて新しい投資をしないことは明らかだからである。インフレリスクも問題となる。世界各国がインフレ目標を掲げているのは、インフレ率を下げることを目標としているのであり、上げる目標の国はほとんどない。多額の公共投資も過去日本でやってきたが、景気対策としてほとんど成功してこなかった。大量の国債発行は、いずれギリシャやスペインのような高金利になり、マクロ経済そのものを破壊することにつながりかねない。日銀の国債引き受けは禁じ手であることは歴史の教えるところである。

むしろ実体経済を活性化する策の方が賢明である。需要の伸びが期待できるエネルギー、環境、福祉・医療、農業、教育といった産業をもっと振興させるべく、新しい生産やサービス活動を図るべきと考える。規制緩和策も一つの方策として新しい企業の参入を促す。これら新産業、新企業の参入があれば雇用の確保も可能である。

このように現在の日本は経済成長の話題一色だが、本章の目的はそもそも経済成長率を高める必要があるのか、ということを再検討することにある。もしその必要がない、という合意が得られるのなら、別の発想で経済を運営してもよいことになるので、経済政策論議に一石を投じることになる。

ゼロ成長を肯定したミル

「経済成長は必要か」。この課題は別に今新しく論じられたものではない。およそ150年前のヨーロッパの経済学界でも論じられたことである。さらに第二次大戦後の1970年代にも再発したし、現代でも一部の環境の専門家によって論じられていることである。

具体的にどういうことかといえば、第一に、イギリスのJ・S・ミル（1806～73）が主張した「定常状態」という経済思想である。古典派経済学は自然の制約、特に土地の供給に制約があることを問題視していた。すなわち資源には制約があるので、投資機会の枯渇につながり、結果として利潤率の低下を招いて、資本蓄積が停止する状態に入ると考えた。これが定常状態であり、現代の言葉を用いれば、ゼロ成長率の世界なのである。

成長率ゼロの状態は好ましくないと考える経済学者は当時も多くいた。しかし、J・S・ミルはむしろゼロ成長率を肯定的にとらえて、人間が生きていくだけの手段が確保されている経済であればそれでよく、物的な成長を求めるよりも、自由を楽しむ人生の方が精神的な豊かさを享受することにつながり、その方が人類にとって好ましいと考えたのである。

環境問題で成長に疑問符

第二に、第二次世界大戦後、経済成長によりCO_2や汚染物質が世の中に排出され、人間の健康が侵される時代となったことで、環境悪化を防ぐために経済成長にブレーキをかけるべきとの声が強くなった。さらに経済成長のみを求め続けると、石炭、石油、鉱物、木材などの天然資源を使いまくるので、いずれこれらが枯渇する時代を迎えることになりかねず、後の世代の人々のことを考えると、資源の使用を抑制することが好ましく、経済成長を抑えるべき、という声が発生した。

72年の有名なローマクラブによる『成長の限界』はここで述べたことを具体的に提唱して、世界の人々に警告を発した。資源の枯渇と環境問題の深刻さに留意すべく、経済成長から脱却することを主張したのである。その1年後に中東で発生したオイルショックによって石油の価格が4倍に跳ね上がり、あらためて資源の問題が経済にとって重要な制約であるということを人々に実感させた。

これを機に世界経済は不況、低成長の時代に入ったのである。

その後環境問題はますます深刻化し、CO_2の排出による地球温暖化、土地の砂漠化、空気や水の汚染といった目に見える悪影響が人類を悩ませることとなった。自然環境を悪化させる経済成長は必要か、ということが真剣に論じられるようになったのである。

環境経済学の定番の教科書であるハーマン・デイリーの『持続可能な発展の経済学』（みすず書房、2005年）では次の三つを主張して、将来にも経済が存続することを可能にする指針を提唱している。

第一に、再生可能な資源（土壌、水、風、森林、魚など）に関しては、利用速度を再生速度以下に抑えねばならない。

第二に、再生不可能な資源（石炭、石油などの化石燃料、良質鉱石など）の利用速度は、再生可能な資源を持続可能なペースで利用することで代用できる程度以下に抑える必要がある。

第三に、汚染物質の持続可能な排出速度は、環境がそのような物質を循環し、かつ吸収してから無害化できる速度以下に抑制せねばならない。

これら三つの指針を達成するためには、経済成長率を抑える必要があり、そうでないと資源を使い過ぎたり、環境を悪化させたりすることになるのである。理想を述べれば経済成長率をゼロにする、あるいはJ・S・ミルによる「定常状態」を保持することが好ましい、ということになる。私自身も環境問題の専門家の主張に共鳴する。

再び経済学界のことを論じておこう。１９５０、60、70年代の世界の経済学界でもっとも華々しく研究された分野は、なんと経済成長論だった。第二次世界大戦で世界経済は破壊されたが、その後立ち直って経済は繁栄に向かい、高い経済成長の時代を迎えることとなった。これに呼応して経済学者の関心は経済成長の理論的解明とその実証の追究に向かった。新古典派成長論として多くの論者によって研究が蓄積されたのである。代表を挙げれば、後にノーベル賞を受賞したロバート・ソローの「経済成長理論への一寄与」(65年)は古典的論文となった。この分野では森嶋通夫、宇沢弘文、新開陽一といった日本人の経済学者も成長論に関して優れた論文を発表している。

ちょうど私はその当時、大学院生として経済学を本格的に学び始めた頃であり、経済成長に関する論文を多く読んだ、あるいは読まされた記憶がある。しかし成長論の専門家とはならず、所得分配の研究に向かった。なお、同じ時代の経済学者の中には既に述べられたような環境経済学に関心を向ける人はいたが、まだ主流派とはなっていなかった。むしろ70、80年代の経済学者の主たる関心は、経済成長論から合理的期待形成理論やゲーム理論に移っていった。現実の世界ではオイルショック後の不況と低成長時代に入り、経済成長論は研究の王座から陥落したのである。

所得と幸福度は一致しない

経済成長だけがすべてではない、という経済思想が資源制約と環境問題の深刻さから一部の経済学者によって主張されたことに加えて、別の方向からも似た発想が提示されることとなった。それは人々の幸福とは、所得、すなわち経済生活のみで得られることなのか、という反省が生まれたことによる。消費の経済学は経済学の基本的出発点であるが、もともと消費の経済学は効用（utility）という概念を用いることによって、消費がどれだけの効用を生むかについて理論化したものである。いわゆる価格理論が中心であった。ここでの効用とは満足、あるいは広い意味での幸福と考えてよい。

しかし、所得が高ければ消費が高く、従って、効用・満足・幸福も高いという経済学の基本命題に疑問が提示されるようになった。それは二つの方向からの提示であった。

第一は、種々の統計によって人々の生活の満足度（あるいは幸福度）を調べると、高い所得が必ずしも高い幸福度を生んでいない、ということが主張されるようになった。わかりやすい例は図1によって示される。日本人の1人当たり国内総生産（GDP、ここでは所得とみなそう）は上昇してきたが、人々の生活満足度はむしろ下降傾向にあることがわかり、所得（あるいは消費）が高くなっても効用（すなわち幸福度）は高まっていないことを知ることとなった。経済学の基本命題に疑問符が付いたのである。

第二に、人々の幸福（満足度）は、所得（消費）以外の諸々の変数、例えば仕事、余暇、結婚、家族、福祉、健康など様々な要因で決まるのであるから、所得（消費）の最大化だけを探究する経済学は不十分ではないか、との指摘がなされるようになった。換言すれば、物質的なことから得られる満足度のみならず、精神的なことから得られる満足度をも考慮して、経済学を再構築する必要が

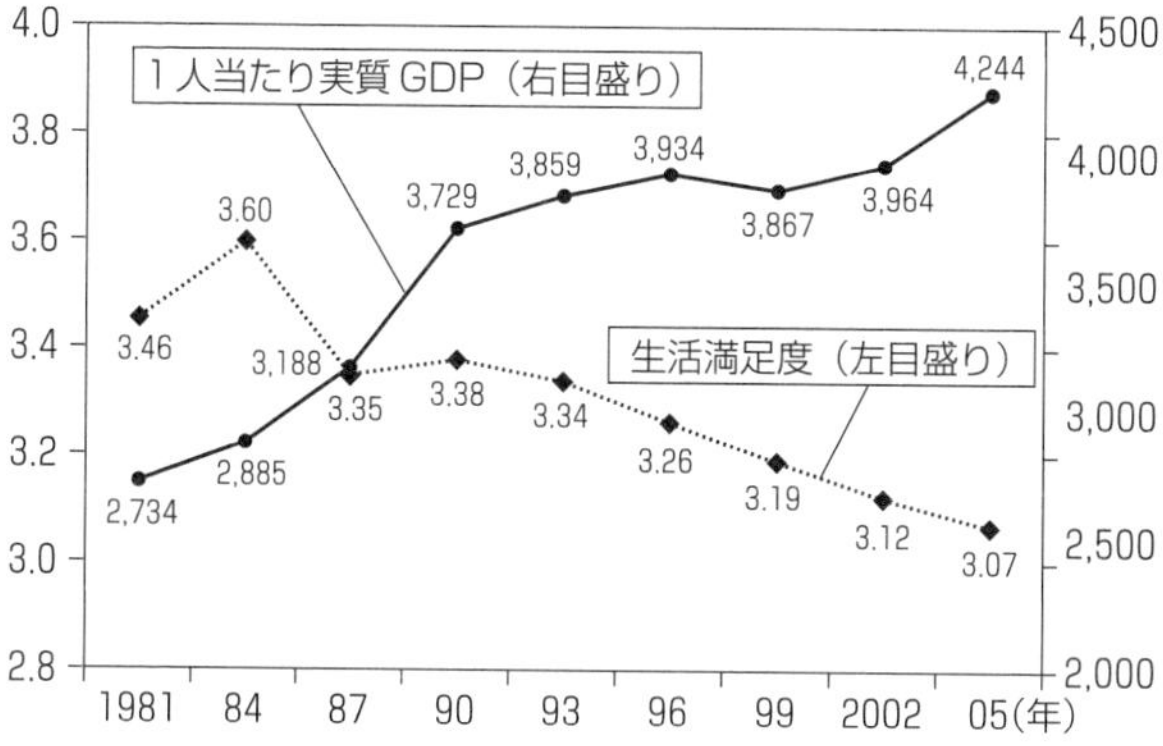

図１　日本の国内総生産（GDP）と生活満足（幸福）度の乖離

注：「生活満足度」は「満足している」＝5から「不満である」＝1まで５段階で聞いた平均得点を指標化したもの

出所：内閣府「国民生活白書2008年版」

あるとの声である。これらは人々が人生を送るに際して、経済生活における満足度のみならず、日々の日常生活の全般における満足度、ということにも関心を向け始めたといってよい。

最近になって世界各国で人々の幸福度が計測されるようになった。人によって何の変数に満足を感じるのかは様々なので、幸福の経済学という分野はいくつかの困難がある。例えば、豪邸や豪華な車に満足する人もいれば、裕福でなくとも家族が楽しくつつましやかに生活できればよい人、極端かもしれないが阪神タイガースが勝っておれば他はどうでもよいという人すらいるかもしれない。こういう趣向の異なる人々の幸福を比較して何の意味があるのか、といった単純な疑問がある。

しかしながら、人間の幸福を所得（消費）だけで語ることはできない、という認識への合意は高くなっていた。

社会政策の充実が必要

ここでこれまでの国際比較で得られた国民の幸福度に関して、特記すべき国を二つ挙げておこう。それはデンマークとブータンである。デンマークは世界の178カ国で比較して、第1位の高い幸福度とされている（表1）。ブータンは国民の97％が幸福と回答していることで一時有名になり、経済生活は貧しいながらも人々は幸福を感じることができる例としてよく議論される国である。

先進国デンマークがなぜ世界一の幸福国であるかは、かなり高い1人当たりの国民所得（12年は5万5447ドル）もさることながら、世界一恵まれた福祉制度の充実がある。年金、医療、介護、失業など伝統的な福祉分野で恵まれているだけでなく、教育といったことにまでサービスが行き渡っている。例えば、医療費や教育費は公共部門の負担によってほぼ無料である。さらに農業国であったことから協同組合組織が発達して、その伝統が国民の間での互助・連帯意識を強めたことが大きい。

これだけ高い公共サービスを受けるのなら、国民が税金や社会保険料として負担する程度は相当に高くなる。国民負担率は60％から70％に達している高さなのであるが、国民はこれだけの負担に見合うサービスを受けているという確信があるので、政府を信頼していることから、生活に不安を感じることがない。これが幸福度が世界1位になっている最大の理由である。

一方、経済成長率こそ9・9％（12年）と高いものの、1人当たりのGDPはわずか2288ドル（12年）であるブータンの人々はなぜ幸福なのだろうか。チベット仏教を信じる人が多いことから、あまり多くを欲しない国民性があるし、家族や地域住民との絆を大切にすることから、これまた国民に不安はなく幸福度が高いのである。所得が低いので裕福な経済生活を送れるわけではないが、それを補ういろいろなことでブータン人の幸福度は高いのである。

日本人はどの程度の幸福度なのだろうか。先程デンマークを世界一の幸福国としたイギリス・レスター大学の調査によると、全178カ国中、90位だった。日本は幸福でもなく不幸でもないというごく平均的な地位にいる。それを説明する理由はいくつか列挙できる。幸福に関しては、そこそこの経済生活ができる、犯罪が少ない、家族の絆が弱まってきているとはいえまだ消滅したわけではない、などである。一方の不幸に関しては、例えば長時間労働で示されるように働き過ぎる、将来への不安が大きい、格差の拡大、などがある。日本人の幸福度に関しては拙著、『「幸せ」の経済

表1 世界の幸福度

順位	国名
1	デンマーク
2	スイス
3	オーストラリア
4	アイスランド
5	バハマ
6	フィンランド
7	スウェーデン
8	ブータン
9	ブルネイ
10	カナダ
11	アイルランド
12	ルクセンブルク
13	コスタリカ
14	マルタ
15	オランダ
16	アンティグア・バーブーダ
17	マレーシア
18	ニュージーランド
19	ノルウェー
20	セーシェル
23	アメリカ
35	ドイツ
41	イギリス
82	中国
90	日本

注：2006年発表
出所：レスター大学

学』（岩波書店、2013年）を参照されたい。

確かに人の幸福を論じるときに、経済的な豊かさは無視できない。しかし経済的な生活のみで人の幸福は測定できず、経済以外の様々な要因によって左右されることがわかった。従って、人々の経済生活の豊かさのみを求める経済学ではなく、安心、人の絆、心の豊かさ、などの心理的な満足にも配慮した経済学を構築することが期待される。特に社会制度の改革によって人々の精神的な満足が高まることがわかっているので、広い意味での社会政策の充実を求める必要がある。

これまでの経済学は所得、すなわち消費が高ければよいという通念にとらわれていたので、所得を高くする経済成長が最大の目標になっていた。しかし資源制約や環境問題の存在と、人の幸福は経済的な裕福さだけでは説明できないという考え方が強くなり、単に経済成長のみを求めることへの反省が高まっている。定常状態でいいのではないかという経済思想と置き換えてよい。では経済学では何を求めればよいのか、最近になってやっとこれらのことに取り組む素地が生まれつつある。

あとがき

日本における最大の社会問題、それは「貧困大国ニッポン」という名称を与えてもいいほどの深刻な状況になっていることであり、その貧困問題を解決するにはどうすればよいか、ということを様々な角度から論じたのが本書である。

貧困問題に関してはおよそ10年ほど前に、浦川邦夫と共著で『日本の貧困研究』(東京大学出版会、2006年)という研究書を出版したことがある。それなりの版を重ねた本であったが、340ページにもわたって数式と計量方程式に満ちた学問的な内容だったので、一般の方からの関心は高くなかった。大変生意気にも、京大での大先輩である河上肇による『貧乏物語』(1916(大正5)年、岩波書店)を意識した本であったが、大いに異なる社会での受入れであった。河上はこの書物の大成功によって一気に有名となり、後に日本を代表するマルクス経済学者となったのである。付言するが、本書はマルクス経済学に立脚するものではない。

いつかはもっと一般の方にもわかる貧困の本を書いてみたい気持ちを有し続けていたことは事実であった。なんとその機会が訪れたのである。それは意外にも私からの発議ではなく、外からの依頼という姿で起こったのである。人文書院の松岡隆浩さんから、これまで私が貧困に関して発表してきた学術論文、月刊誌や週刊誌での論文などをまとめて公表しないか、というお誘いがあったのである。これはまたとない良い機会と思って、喜んで応じたのが本書である。

本書での記述の様式は、経済学の知識としてごく初歩のものをお持ちであるなら、やさしく読めるように配慮したつもりである。第Ⅱ部の第7章と第Ⅲ部の第4章では計量経済学の手法を用いているが、数学・統計学の知識はなくとも本文だけを読めば、何を主張しているかをわかるように配慮したつもりである。すなわち、推計方法に関する記述やわからない記号や数値を無視していただいても、本文の趣旨の理解に妨げとはならない。

本書の内容を簡単に要約すれば次のようになる。まず日本では貧困で苦しんでいるのは誰か、ということを明らかにした上で、なぜそれらの人が貧困に陥ったかを、社会学と経済学の視点から解釈を施した。さらに、社会に用意された諸制度の効果との関連を明らかにした。

特に重点的に記述した分野は、家族の変容の効果、不況の下で支払い能力を低下させた企業の役割、年金、医療などの社会保障制度、人がどこまで受けられるかという教育制度、そして労使関係や最低賃金といった労働制度であった。社会保障制度は人々が貧困に陥っても生活に困らないように用意された制度であり、教育制度の充実は人々の資質を上げるので稼得能力が高まり低賃金の労働者になる可能性を低めるし、労働制度は人が働くときに低所得の労働者にならないための役割を果たす。これらの諸制度は日本から貧困者を排除することに寄与するのであるから、どのような制度が望ましいのか、そしてそのような制度にするにはどのような政策を施せばよいかを論じたのである。

もとより人々を雇用し、そして賃金を払うこととなる企業、すなわち広く言えば日本経済が弱ければ元も子もない。そして背後にいて制度の後押しをする政府の役割も大切である。日本経済と日本政府がしっかりしていないと困るので、そのこともふれないと物語は完結しないが、それについては近著『日本人と経済——労働と生活の視点から』（東洋経済新報社、２０１５年）で論じたので、詳細はそれに譲る。

貧困の現状が明確になれば、ではどういう政策を実行すれば貧困問題の解決が可能となるかが次の関心となるので、どのような政策が日本において有効であるかを提言した。もとより政策の提言には賛成論と反対論が飛び交う。どのような賛成論と反対論が生じると予想できるかを論じてから、私自身が妥当と判断する根拠を明確に示した上で自説を展開した。当然のことながら、私が正しいかそれとも誤っているかは読者の判断による。

貧困問題を世に問う方法には大別して二つの方法がある。一つは、横山源之助による名著『日本之下層社会』（教文館、１８９９年）で代表されるように、各個人・各家庭の現状をとことん描写して、食べられない、住めない、着ることができない、という悲惨な生活の実態を報告する方法であり、二つは主として統計を用いて貧困を論じる方法である。本書は第二の方法を用いて、統計を駆使しながら貧困の現状を知り、そして政策の実施によってどれだけ貧困が減少するかを考察したものである。そういう意味では各種の統計が利用可能になっている現代だからこそ可能である。

もう一つの本書の特色は、必ずしも高級な数学を用いての学術論文的な記述ではないが、最先端の経済学、哲学、社会学の理論の教えるところをうまく利用しながらも、決してペダンティック（むやみに難解な学識を振りかざす方法）にならず、誰にでもわかるような記述に努めたつもりである。従って、本書の内容は高い学問的な裏付けを背後に秘めた議論が展開されており、わかりやすい政策提言がなされているとわかってほしい。もしそのような本になっていない、と読者が判断されるなら、それは一重に著者の能力のなさに起因するからによる。

第Ⅱ部の第7章と第Ⅲ部の第4章は、共著論文を基礎にしたものである。共著論文の引用を許可された高松里江氏と櫻井康晴氏に感謝したい。

最後になるが、本書の企画と編集にあたられた人文書院の松岡隆浩氏に、あらためて感謝したい。どのような論稿を本書に含めるかの最初の選択は彼のイニシアティヴに依存したが、その後私の希望を取り入れて調整した上で、最終稿にするには私がかなりていねいに改稿を重ねた。本書が一人でも世の中から貧困者をなくすことにつながれば望外の幸せである。

橘木　俊詔

初出一覧（本書収録にあたり改題、改稿した）

序　「脱成長」から福祉国家の構築へ（『週刊エコノミスト』2015年３月31日）

第Ⅰ部
1　日本は貧困大国（『更生保護』2014年４月）
2　若者の貧困問題（『公衆衛生』2013年５月）
3　格差と雇用の問題を解決する政策（『経済政策ジャーナル』2013年９月）
4　アベノミクスと労働改革の諸問題（『季刊いのちとくらし研究所報』47号、2014年７月）

第Ⅱ部
1　社会保険の充実で生活保護費の削減を（『週刊東洋経済』2012年７月21日）
2　福祉国家への道（『週刊エコノミスト』2012年７月24日）
3　日本はデンマーク型の福祉国家を目指せ（『潮』2012年12月）
4　軽減税率の検討を急げ（『潮』2014年３月）
5　基礎年金を消費税で賄え（『学術の動向』2010年11月）
6　企業年金制度の歴史と今後（『企業年金』2011年９月）
7　誰がベーシック・インカムを支持しているのか（橘木編『社会保障改革への提言』ミネルヴァ書房、2012年）
8　働ける人、高額所得者にも支給する違和感（『週刊エコノミスト』2010年９月21日）

第Ⅲ部
1　親が貧しいと子どもの進学が不利になる（『Journalism』2014年４月）
2　公的教育支出の増加と実務教育の充実を（『弘道』2011年３月）
3　エリート教育をどうすればよいか（『弘道』2012年３月）
4　学校教育が人々の賃金に与える効果の実証分析（『経済学論叢』2015年３月）

終章　経済成長だけが幸福の源泉ではない（『週刊エコノミスト』2013年２月12日）

著者略歴

橘木俊詔（たちばなき　としあき）

1943年、兵庫県生まれ。現在、京都女子大学客員教授、京都大学名誉教授。専門は労働経済学。京都大学経済学博士。灘高等学校を経て、小樽商科大学商学部卒業。大阪大学大学院経済学研究科修士課程およびジョンズ・ホプキンス大学大学院博士課程修了（Ph. D.）。京都大学（1979〜2007年）、同志社大学（2007〜2014年）で教鞭をとる。元日本経済学会会長。近著に、『日本のエリート』（朝日新書）、『21世紀の資本主義を読み解く』（宝島社）、『経済学部タチバナキ教授が見たニッポンの大学教授と大学生』（東洋経済新報社）、『来るべき経済学のために』（根井雅弘との共著、人文書院）、『日本人と経済』（東洋経済新報社）、『フランス産エリートはなぜ凄いのか』（中公新書ラクレ）、など。

JIMBUN SHOIN　Ptinted in Japan
ISBN978-4-409-24105-9　C1036

貧困大国ニッポンの課題
——格差、社会保障、教育

二〇一五年　一二月一〇日　初版第一刷印刷
二〇一五年　一二月二〇日　初版第一刷発行

著　者　橘木俊詔
発行者　渡辺博史
発行所　人文書院
〒六一二-八四四七
京都市伏見区竹田西内畑町九
電話　〇七五(六〇三)一三四四
振替　〇一〇〇〇-八-一一〇三

印刷　創栄図書印刷株式会社
製本　坂井製本所
装丁　上野かおる